L'ère de la conscience

Laurence Baranski et Ivan Maltcheff

L'ère de la conscience

*21 repères pour élargir notre conscience
en gardant les pieds sur Terre*

© 2025 Laurence Baranski ; Ivan Maltcheff
Dessins : Eric Grelet

Édition : BoD - Books on Demand, 31 avenue Saint-Rémy, 57600 Forbach, bod@bod.fr
Impression : Libri Plureos GmbH, Friedensallee 273 22763 Hamburg (Allemagne)

ISBN : 978-2-3225-6913-7
Dépôt légal : avril 2025

Sommaire

Introduction. 7

Partie I. Être et agir dans le monde, en conscience. 13

Chap. 1 - Oser les dimensions sensibles
et invisibles de sa vie. 17
Chap. 2 - Amour, Beauté et Sagesse : des bases
pour la nouvelle civilisation. 25
    Me promenant dans la beauté. 36
    *Douceur et politique :
et si l'amour guidait nos pas ?* 38
Chap. 3 - Apprendre à vivre
dans les trois dimensions du temps. 41
Chap. 4 - Quelle conscience ai-je de ma conscience ? 53
Chap. 5 - Libérer sa créativité : une clé pour entrer
dans la nouvelle ère. 63
Chap. 6 - La dimension invisible des collectifs. 69
Chap. 7 - Régénérer et déployer l'énergie
de la transformation. 85
    Schéma de synthèse. 93
Ce que cela change. 95

Partie II. Être un activateur quantique.   97

Chap. 1 - Accueillir nos 5 dimensions d'être humain.   101
            Schéma de synthèse.   *113*
Chap. 2 - Rester connecté à soi, instant après instant.   115
Chap. 3 - Comprendre le quantique.   127
Chap. 4 - Le Vademecum de l'activateur quantique.   137
Chap. 5 - Apprendre à désapprendre et construire ses propres repères.   147
Chap. 6 - Les quatre forces actives sur son chemin d'évolution.   159
Chap. 7 - S'entraider à grandir en Sagesse.   169
Ce que cela change.   177

Partie III. S'ouvrir à notre conscience galactique   181

Chap. 1 - Voyage dans les galaxies.   185
Chap. 2 - Tour d'horizon des imaginaires galactiques.   193
Chap. 3 - De l'exploration galactique à l'exopolitique.   215
Chap. 4 - Rencontre avec le Grand Conseil Intergalactique.   225
Chap. 5 - Avancer sur son chemin spirituel et initiatique.   241
Chap. 6 - Se reconnecter à la Terre et à l'être Gaïa.   257
Chap. 7 - Offrande et gratitude.   265
Ce que cela change.   271

Conclusion : le soulèvement des consciences.   275
Remerciements.   277
Sommaire détaillé.   279
Présentation des auteurs.   291
Références.   295

Introduction

Le monde ne tourne plus rond. Les valeurs et les bases sur lesquelles nos sociétés se sont bâties chancellent, nous l'observons jour après jour.

Les perturbations sont telles que de nombreuses personnes sont déstabilisées, que ce soit personnellement ou professionnellement, ou les deux. Beaucoup se questionnent sur le sens qu'elles souhaitent donner à leur vie et sur leur avenir. D'autres sont déjà en train de donner naissance à de nouvelles manières de vivre ensemble sur la Terre.

Quelles que soient nos manières de réagir aux perturbations extérieures, et quels que soient notre rôle et notre position dans la société, nous sommes toutes et tous pris dans ce *passage*, c'est-à-dire dans ce moment particulier de notre histoire collective où les évolutions n'ont jamais été aussi importantes et simultanées, et où nous avons le sentiment de basculer d'un monde vers un autre.

Tout cela peut paraître inquiétant et être véritablement éprouvant, mais c'est également porteur d'une très bonne nouvelle : **grâce à ces changements généralisés, d'immenses opportunités créatrices sont à portée de nos mains, de nos cœurs et de nos consciences.** En d'autres termes, tout devient possible, et donc notamment le meilleur.

Voilà trente ans que nous accompagnons les changements individuels et collectifs, tentons de les comprendre et suivons des personnes et des équipes sur les chemins de la transformation. Ce livre est le reflet de nos convictions acquises à travers notre expérience et nos propres chemins de vie. Elles peuvent se résumer en trois points :

- La vie et la conscience sont essentielles dans ce passage que nous vivons actuellement. Elles sont à placer au cœur du changement.
- Nous sommes très nombreux à nous réjouir d'entrer dans cette nouvelle ère que nous qualifions d'Ère de la Conscience, que d'autres nommeront l'Ère du Verseau, Nouveau monde ou encore Nouvelle Terre.
- Même si le changement sociétal est collectif, le moteur de la transformation réside avant tout en nous-mêmes. Chacun de nos changements personnels a un impact sur le changement collectif. C'est nous qui activons la dynamique de changement et lui donnons sa direction et son rythme.

Guidés par ces convictions, nous avons conçu, il y a quelques années, un parcours sous la forme de séminaires que nous avons intitulés « Réussir le passage. Entrons ensemble dans l'ère de la Conscience ». Ces séminaires s'adressaient à des femmes et des hommes qui souhaitent bâtir des mondes plus conscients et respectueux du vivant.

Avec ce livre, nous souhaitons partager plus largement notre approche afin que chaque personne qui le souhaite puisse s'en saisir à sa manière. Il ne s'agit que d'une proposition. Nous serons heureux si les différentes notions que nous abordons sont par la suite enrichies afin de faire de cette fertilisation croisée un tremplin pour grandir ensemble en « connaissance, conscience et imagination »[1].

Ce livre reprend la progression de nos séminaires. Il est tel un parcours en 3 étapes et 21 portes ouvertes sur les nouveaux mondes en soi et à l'extérieur de soi.

- La première étape, **Être et agir dans le monde**, propose de se questionner sur soi, sur ce qui nous anime, et d'élargir la perception que nous avons de nous-mêmes et du monde qui nous entoure.

- La deuxième étape, **Être un activateur quantique**, est comme une autorisation à déployer plus largement nos capacités d'êtres subtils et sensibles. Elle part du principe que nous sommes agissants « dans » et « par » l'invisible et le vibratoire.

- **S'ouvrir à notre conscience galactique**, la troisième étape, nous projette dans l'univers galactique pour mieux revenir à notre propre galaxie intérieure, au centre en soi, ce point de stabilité ultime et fidèle qui nous permet de rester en équilibre quelle que soit l'agitation extérieure.

Ces trois étapes sont à l'image d'une spirale évolutive, ou encore d'un voyage qui débute tranquillement et qui nous emporte progressivement dans les espaces toujours plus élargis de notre conscience.

---

[1] Selon l'expression du neurobiologiste et philosophe Henri Laborit.

C'est à ce voyage que nous vous convions.

Quatre précisions sur le style de cet ouvrage. Tout d'abord, nous avons fait le choix de commencer chaque chapitre par un témoignage personnel. Nous livrons ainsi notre vérité intérieure et notre vécu, en toute simplicité et authenticité, et peut-être aussi en guise d'invitation faite au lecteur de livrer lui aussi sa vérité et son authenticité. Selon nous, cette simplicité d'être et de dire est une des conditions incontournables du changement individuel et collectif espéré.

Par ailleurs, nous n'avons pas souhaité développer de trop longues explications théoriques afin d'alléger le texte. Vous retrouvez nos références intellectuelles, philosophiques et spirituelles en notes de bas de page (reprises également en fin d'ouvrage), et en filigrane dans la rubrique *Présentation des auteurs*. Vous aurez bien sûr et surtout vos propres sources de réflexion pour compléter celles que nous proposons.

Troisième précision, certains chapitres se présentent sous la forme d'exercices. C'était pour nous le meilleur moyen de développer notre propos, nous espérons que ce choix rédactionnel vous inspirera.

Enfin, nous avons eu plaisir à intégrer dans cet ouvrage des citations issues des webconférences *Réussir le passage* et des *Rencontres Conscience et Citoyenneté*[2] qui ont eu lieu ces dernières années, au cours desquelles nous donnions la parole

---

[2] Les références seront indiquées en bas de page. Pour plus d'information, voir la chaine YouTube *Réussir le Passage* et le site web *Conscience et Citoyenneté*.

Introduction

à des intervenants qui œuvrent à leur manière pour un monde plus sage et plus conscient. Leurs paroles éclairent les nôtres, les nuancent, leur donnent un relief complémentaire.

Un dernier mot pour terminer cette introduction. La conscience collective de l'humanité s'élargit actuellement de manière exponentielle sur l'ensemble de la planète. On le voit dans le champ des entreprises, des associations, des institutions et dans tous les domaines tels que l'éducation, la santé, la culture, ou encore la politique et l'économie, et bien sûr tout simplement la vie quotidienne, même si les médias n'en témoignent pas.

Nous sommes déjà dans le passage d'un monde vers un autre.

Nous souhaitons que cet ouvrage vous inspire pour inscrire, encore mieux, votre mouvement de transformation dans cette dynamique collective d'éveil, en cohérence avec vos valeurs profondes et vos rêves, votre essentiel et votre propre énergie.

Grandir en conscience est un chemin d'apprentissage qui nous concerne toutes et tous.

C'est aussi une belle aventure, celle que nous sommes invités à vivre aujourd'hui, individuellement et collectivement.

Partie I
Être et agir dans le monde, en conscience

Cette première partie pose les bases, selon nous, de notre entrée de l'ère de la conscience. Elle est une invitation à faire un arrêt sur image sur nous-mêmes pour retrouver l'essentiel en nous.

Qu'est-ce qui est essentiel pour moi ? Quelle conscience ai-je de moi-même ? Quelle est mon assise intérieure ? Qu'est-ce que je ne veux plus perdre de moi-même ? Qu'est-ce que je souhaite développer en moi, pour ainsi laisser s'épanouir mon être profond et me sentir véritablement en vie ?

Les réponses que nous apportons individuellement à ces questions vont nous permettre de nous engager dans le passage en emportant avec nous nos plus belles énergies, nos plus beaux espoirs, nos plus beaux rêves.

Elles vont aussi mettre en lumière ce qui vient freiner notre dynamique de vie, tout ce qui est de l'ordre des barrières mentales ou émotionnelles que nous posons nous-mêmes devant nous, et sur lesquelles nous savons que nous aurons à travailler pour dégager notre chemin de tout ce qui peut encore l'encombrer.

Retrouver l'essentiel en soi est un chemin d'exploration intérieure.

C'est aussi la découverte d'un autre rapport plus sensible à la vie, aux autres et à soi-même.

Dès que nous ouvrons la porte aux ressentis sensibles et essentiels qui nous habitent, nous nous mettons en mouvement autrement. Nous nous autorisons à dire que nous avons une vie intérieure, à lui donner sa juste place dans notre quotidien et à nous percevoir plus grands et plus vastes que nous ne le pensions jusque-là.

Les dimensions subtiles et invisibles de la vie, tout comme l'énergie du cœur, deviennent centrales. C'est grâce à elles que nous allons pouvoir être et agir dans le monde autrement, toujours plus en conscience.

Engageons-nous sur le chemin et franchissons les sept premières portes de notre voyage.

Chapitre 1

Oser les dimensions sensibles et invisibles de sa vie

Témoignage

« Avec le recul du temps et de l'âge, j'ai réalisé que l'invisible et le subtil ont toujours fait partie de ma vie. Petite, ils prenaient la forme d'intuitions, de rêves karmiques que je n'appelais pas ainsi à l'époque, ou encore d'une sorte de capacité à voir les émotions comme si elles étaient visibles, de visions de ce que je pourrais appeler des êtres de lumière, d'un intérêt très grand pour l'Univers et ses possibles habitants.

À l'âge de 36 ans, une sortie hors du corps m'a propulsée dans un espace d'une lumière incroyable. J'ai alors eu la sensation et l'intime conviction que tout est amour et lumière dans ce monde.

Puis mes capacités extrasensorielles se sont peu à peu développées. Je me suis mise à parler avec des défunts ou encore aux arbres, et à voyager par l'esprit. Je me suis formée à différentes techniques d'expansion de conscience qui m'ont permis de mieux percevoir tout cela. J'ai surtout appris à faire confiance à mes perceptions, tout en veillant à garder mon esprit critique et mon discernement.

> Ma démarche d'éveil à mes dimensions sensibles, subtiles et invisibles est initiatique, mystique, énergétique, spirituelle et holistique.
>
> Aujourd'hui, ce que j'ai surtout compris et qui a du sens pour moi, c'est que la vie est bien plus vaste que ce que l'on en dit et que l'amour est toujours la clé. » Laurence

Quelle est votre relation à l'invisible en vous et autour de vous ?

Perceptions extrasensorielles et sensibilité au vivant

Aujourd'hui, nous observons qu'un nombre croissant de personnes vivent des événements qui les amènent à ouvrir un champ de sensations et d'émotions nouvelles et à se poser des questions existentielles, beaucoup moins matérielles et plus spirituelles. Notre rapport à la vie évolue.

Nous pensons en premier lieu aux personnes qui ont vécu un choc dans leur vie, un accident, une maladie, une rupture professionnelle ou personnelle douloureuse, la perte d'un être cher. Le drame ou la difficulté les oblige à rebondir. Cela amène souvent ces personnes à se rendre compte qu'elles ont en elles des ressources qu'elles ne connaissaient pas, des intuitions sensibles qui les invitent à une reconnexion à d'autres dimensions de la vie. Ces prises de conscience les conduisent parfois à changer de vie, d'environnement, de métier, de relations.

Il y a aussi les personnes qui depuis toujours ont des perceptions sensibles et extrasensorielles, des perceptions qu'elles avaient peut-être ressenties depuis l'enfance mais qu'elles avaient mises de côté parce qu'elles avaient senti que la société ne les valoriserait pas, ne leur permettrait pas de les exploiter. Puis ces sensations et ces perceptions se rappellent un jour à elles, tapent à nouveau à leur porte intérieure et les questionnent.

À un moment donné, ces sensations subtiles pourront être tellement fortes et présentes que ces personnes pourront avoir envie de les explorer, de s'exprimer sur ces sujets-là, de témoigner de leurs propres expériences sensibles et subtiles. Une parole se libère, que ce soit dans la vie de tous les jours, ou à travers des films et des livres. On entendra alors parler d'expériences aux frontières de la vie et de la mort[3], de contacts avec des êtres non incarnés, de voyages de l'esprit, de rêves éveillés, d'une sensibilité particulière pour la communication animale ou d'autres dons qui apparaissent dans notre vie. Tout simplement, peut-être, le don de s'émerveiller, émerveillement face à la Nature et sa beauté, redécouverte de la sensation du vent et du soleil sur sa peau qui donne le sentiment d'exister plus pleinement, douceur oubliée de l'amour que nous éprouvons pour les êtres qui vivent à nos côtés, avec une prise de conscience de l'importance de passer davantage

---

[3] Par exemple *Témoins. Ils sont des millions à l'avoir vécu*, un film documentaire de la réalisatrice Sonia Barkallah, 2024.

de temps avec eux. Des fenêtres s'ouvrent sur le vivant en nous-mêmes. Elles peuvent nous amener à nous dire intérieurement : « *Waouh, mais jusqu'à présent, je ne vivais pas, je passais à côté de toute une partie de la vie et de moi-même. Enfin je me sens vibrer.* »

Et si, dans ma vie, j'ai la chance de ne pas avoir eu d'épreuves ou d'accidents graves, ou si je n'ai pas découvert en moi des perceptions extrasensorielles ou une connexion subtile particulière avec le vivant, je peux tout simplement me sentir de plus en plus sensible à la vie sur la planète. Je peux aussi me mettre à avoir envie d'un autre type de relations avec les autres, des relations qui ne seront pas basées sur un échange marchand formel, formaté, codifié et quantifié. Je ressens en moi l'envie d'enrichir et de nourrir mon lien à la vie et aux autres d'une façon différente.

La crise sanitaire du Covid, que nous avons vécue ensemble et qui a été un choc dont les conséquences négatives sont loin d'être analysées ni surtout partagées, a également provoqué chez certains un éveil à des valeurs plus essentielles. Nombre d'entre nous ont pris conscience qu'ils dépensaient beaucoup d'énergie et de temps pour des causes qui n'étaient fondamentalement pas les leurs. Certains se sont découverts de nouvelles envies, de nouvelles passions, de nouvelles perceptions. Cette période a pu être l'amorce d'un véritable questionnement sur le sens qu'on voulait donner à sa vie et elle a pu favoriser la prise de conscience qu'on ne voulait plus fonctionner comme avant.

Faire le point sur le sensible et le subtil en soi

Bien sûr, la question qui se pose, et la réponse n'est pas toujours facile à trouver, est : comment passer de ce ressenti et de ces envies nouvelles à l'action concrète ? Comment manifester ce nouvel état d'être dans la vie de tous les jours ? C'est tout l'enjeu du passage. Nous allons tenter de répondre à cette question tout au long de ce livre, tout au moins en proposant des pistes de réflexion.

Restons pour l'instant sur cette exploration du ressenti et du subtil en nous, et posons-nous quelques questions.

Depuis combien de temps l'espace du sensible, de l'invisible, du subtil est-il là dans ma vie ? Est-ce qu'il a toujours été là ? Quand j'étais enfant, à quoi ressemblait-il et comment est-ce que je le percevais ? Quand j'étais adolescent, par quelles expressions et quelles sensations s'est-il manifesté ? Quelles ont été mes expériences ?

Puis dans ma vie adulte ? À quel moment est-ce que j'ai senti intuitivement que je faisais le choix de replier mes ailes, si tel a été le cas, pour me conformer à ce que la société attendait de moi ou à ce que je croyais que la société attendait de moi ? À quel moment ai-je abandonné l'idée d'explorer ma conscience et la vie, le sensible et le subtil en moi, au motif qu'il faut bien respecter les codes et les injonctions sociales ? Il est heureux que nous respections le code de la route par exemple, cela nous permet d'éviter bien des accidents ! Mais à partir de quand ai-je renoncé à mon propre rythme, aux chemins de traverse et aux pauses inattendues, au profit des autoroutes toutes tracées et de leurs aires standardisées ? Ou alors, au contraire, quelles autorisations me suis-je données ?

Ainsi, si je me retourne sur mon chemin, aussi loin que remonte ma mémoire, tout cela a pris quelle forme, quelle place, quelle liberté, voire quelle auto-censure dans ma vie ? En quoi ces dimensions invisibles et subtiles de la vie pouvaient-elles pourtant faire briller mes yeux, m'animer, développer ma curiosité, si tel était le cas ? À quoi ressemble aujourd'hui mon désir de déploiement dans ces dimensions ? Jusqu'où est-ce que je souhaite les intégrer à présent dans ma vie de tous les jours ?

Chacun aura ses propres réponses aux questions ci-dessus, en fonction de son chemin de vie, toujours unique, et en fonction de sa subjectivité et de sa sensibilité.

Passer du repliement au déploiement

Cet invisible et ce sensible en moi, j'ai pu le replier non seulement pour me conformer, mais aussi parce qu'on ne pouvait tout simplement pas en parler. Il y a eu pendant longtemps une *omerta* sur ces sujets. Ces dernières décennies, la rationalité, l'action et le faire ont dominé la vie en société au détriment du lien humain, de la relation au sensible et de tout ce qui constitue l'être.

Je ne pouvais par exemple pas dire que j'avais un désir tout simple de me poser et de ne rien faire ; de prendre le temps de me sentir en communion avec la Nature ; de communiquer avec les plans subtils ou encore d'interroger les oracles ou les astres par exemple. Je n'ai ainsi peut-être jamais évoqué les amis invisibles de mon enfance dont pourtant beaucoup d'enfants témoignent lorsqu'on leur permet d'en parler, ou les expériences paranormales que j'ai pourtant vécues. Tout ce qui relevait de l'intériorité, voire de la spiritualité au sens large, au sens étymologique de « spirit », le souffle de la vie en soi, était considéré comme étant du domaine strictement privé et personnel. J'ai ainsi senti que je ne pouvais pas dire cette part de moi jugée irrationnelle et qui m'aurait fait courir le risque d'être incompris, ou d'être moqué, ou traité de personne perchée, inadaptée et de perdre ma crédibilité dans la société.

Les choses changent depuis quelques années. Nous entrons dans une époque où non seulement cette *omerta* se lève, mais surtout où nous ne voulons, ni ne pouvons, plus accepter d'être limités. Certains intellectuels et scientifiques pionniers nous encouragent en ce sens.

C'est le cas de l'anthropologue Audrey Chapot qui intègre dans son approche les dimensions sacrées et invisibles de la vie. « *Il n'y a pas d'un côté un monde visible et de l'autre un monde invisible,* nous dit-elle. *Il y a un seul et même monde qui est à la fois visible et invisible, et c'est le nôtre* »[4]. Celles et ceux qui se reconnaissent dans cette proposition se retrouvent parfois en petits groupes pour en parler, ou par livres interposées, à l'occasion d'événements ou encore au travers d'initiatives concrètes qui annoncent d'autres manières de vivre ensemble sur la planète. Cela donne peu à peu naissance

---

[4] Source : intervention d'Audrey Chapot aux *Rencontres Conscience et Citoyenneté* 2021.

à de nouvelles formes d'éducation, à une démultiplication des savoirs liés aux médecines naturelles, à une autre manière de consommer, à des modes de vie plus solidaires[5]... De proche en proche, le changement en soi entraîne le changement à l'extérieur de soi.

Gagner en force, en assurance et en complétude

Les témoignages en attestent. Le fait d'exprimer cette réalité sensible, authentique et parfois fragile de nous-mêmes donne beaucoup de force et d'assurance. Verbaliser ce qui a longtemps été tu ou qui n'était pas reconnu, permet de réhabiliter ces plans sensibles dans notre réalité incarnée. Des barrières sautent. On se sent mieux, plus complet. Notre espace de vie s'élargit.

Et vous ? À la porte Oser les dimensions sensibles et invisibles de sa vie, *que ressentez-vous, que pensez-vous, que diriez-vous, qu'auriez-vous envie d'exprimer ou d'explorer dans votre propre vie ? Que vous disent à ce sujet vos envies, votre intuition, votre petite voix intérieure ?*

---

[5] Ces dynamiques sont relayées depuis une trentaine d'années par une multitude d'associations, de réseaux et d'initiatives citoyennes dont de nombreux auteurs témoignent. C'est également le propos de nos ouvrages *Les nouveaux collectifs citoyens : pratiques et perspectives* (Ivan Maltcheff, Éd. Yves Michel, 2011) et *Oser l'invisible. Aux véritables sources de la performance durable* (Laurence Baranski, Chronique sociale, 2020).

Chapitre 2
Amour, Beauté et Sagesse : des bases pour la nouvelle civilisation

> **Témoignage**
>
> « J'ai toujours été sensible et intéressé par la Sagesse, enfant déjà. Je l'ai explorée à travers des livres, beaucoup, des rencontres et des films.
>
> Pour l'Amour, deux expériences m'ont tout particulièrement permis de m'y connecter. Deux expériences extrêmement fortes, une surtout.
>
> J'étais entré dans une démarche de recherche intérieure, initiatique, depuis quelques temps déjà. Et pendant environ quarante jours, c'est le souvenir que j'en ai, j'ai été connecté à un plan d'amour infini. Tout était amour, les personnes, les lieux, les êtres. Je ne comprenais d'ailleurs pas très bien ce qui se passait à l'époque.
>
> Pour la beauté, c'est différent. Ça a été une découverte progressive. Je pense qu'au début, je ne voyais pas la Beauté. Je pouvais voir des choses « belles » bien sûr, mais cela a tout de même été une découverte progressive pour moi. Je dirais

> que ce sont les autres qui me l'ont montrée au début, avant que je ne la perçoive moi-même.
>
> Aujourd'hui, j'enseigne l'Amour et la Sagesse car je crois que c'est mon rayon d'action, d'apprentissage et de service. Et la Beauté, parce que j'ai l'impression que j'ai encore beaucoup à apprendre d'elle. Heureusement, j'ai autour de moi des personnes qui sont particulièrement éveillées à la Beauté. »
> Ivan

Poursuivons notre route aux portes de l'ère de la conscience et tournons-nous à présent vers l'Amour, la Beauté et la Sagesse. Il s'agit pour nous des bases essentielles de la nouvelle civilisation émergente. Vous pourrez bien sûr en choisir d'autres qui feront sens pour vous. Centrons-nous pour l'instant sur ces trois mots, ces trois énergies.

Amour, Beauté et Sagesse sont des mots qui s'accompagnent de sensations agréables pour la grande majorité d'entre nous lorsqu'on y pense. Ils sont comme des portails qui ouvrent sur des paysages et des sensations élargies, un peu comme si on prenait une très grande inspiration. Ils nous apaisent et nous amènent ailleurs. Quelles que soient notre culture et nos croyances, ils ont le pouvoir de nous mettre dans un état particulier d'ouverture et de recul. Recul par rapport à notre quotidien, à tout ce qui occupe notre espace mental, à nos préoccupations, nos comportements automatiques, nos réactions réflexes. Ils nous connectent dans le même temps, sans jugement et en tout simplicité, à quelque chose de plus habité, de plus vaste, à la vie dans son ensemble, à la Nature, au vivant et aux autres humains évidemment.

Intériorité et extériorité

Ces mots sont aussi, d'une certaine manière, à l'image de Janus, le dieu romain des commencements et des fins, du passage et des portes. Le dieu Janus était représenté avec deux visages, un tourné vers le passé, l'autre vers le futur. Avant cela, il apparaissait avec un visage féminin d'un côté et un visage masculin de l'autre. Il était alors le symbole de l'équilibre en soi de ces deux polarités complémentaires.

À l'heure de notre entrée dans l'ère de la conscience, l'Amour, la Beauté et la Sagesse sont comme Janus, porteurs d'une double dynamique. Ces mots nous renvoient à la fois à l'*intériorité* (ce qui est à l'intérieur de nous) et à l'*extériorité* (ce qui est à l'extérieur de nous), deux faces d'une même réalité. Ils nous amènent à porter notre regard simultanément vers soi et vers l'au-delà de soi. Intériorité et extériorité sont liées et indissociables. L'amour pour soi est corrélé à notre amour pour le monde ; la reconnaissance de la beauté en soi à celle de la beauté perçue dans le monde ; la sagesse en soi à celle qui s'exprime dans le monde.

Plus précisément, parler de sagesse et être capable de voir la sagesse dans le monde nous indique que nous sommes, consciemment ou inconsciemment, porteurs de cette sagesse, ou tout au moins que nous en portons en nous l'espoir. Il en est de même pour la beauté : voir la beauté dans le monde me renvoie à la conscience que j'ai de la beauté en moi. Et l'amour extérieur me ramène à l'amour en moi, ou tout au moins au désir d'amour en moi et pour moi. Ce que je vois à l'extérieur de moi est en résonance avec ce que je porte en moi, et ce que je porte en moi résonne à l'extérieur de moi. Amour, Beauté et Sagesse sont des mots passerelles entre l'intérieur et l'extérieur de moi.

Quand je suis dans les vibrations de ces mots-là, quelque chose de lumineux et de plus grand s'harmonise entre moi et le monde. J'accède à un état d'apaisement et d'élévation de mon être intérieur (sans que je ne sache d'ailleurs exactement ce qu'est mon être intérieur), de mon âme. L'âme, reflet de mes plus belles dimensions alignées en moi-même, évolue parfaitement à son aise dans l'Amour, la Beauté et la Sagesse. Elle est ici chez elle.

L'idéal n'est pas à l'extérieur de nous, il est en nous

Amour, Beauté et Sagesse sont-ils un idéal que les civilisations humaines ont toujours placé haut devant elles et qui pourrait être celui de la civilisation à venir ? Peut-être.

Mais là n'est pas véritablement l'essentiel. Car la notion d'« idéal » renvoie à une forme de projection mentale qu'il faudrait atteindre mais qui s'éloigne toujours, plus on avance. Or, ce que nous sommes en train de dire, c'est que ces mots et l'énergie qu'ils portent ne sont pas à l'extérieur de nous, ils sont d'abord en nous-mêmes. Il n'y a pas à les atteindre, il y a à les révéler. La beauté d'une fleur, d'un soleil couchant ou d'un bâtiment ne font que nous ramener à notre capacité à laisser vibrer la beauté en nous, à notre beauté intérieure, à cet état-là. Et cet état est en nous. Nous ne sommes capables de voir et de ressentir la beauté à l'extérieur que parce qu'elle est d'abord en nous. Il en est de même pour l'Amour et la Sagesse.

Il ne s'agit donc pas de faire de ces trois mots, ou d'autres mots qui nous inspireraient, un idéal civilisationnel, puis de se mettre à courir à la recherche de leur manifestation inaccessible. Il s'agit plutôt de réveiller en nous la puissance vibratoire de ces mots ; de les laisser rayonner en nous, puis, depuis nous-mêmes, de les laisser s'expanser vers l'extérieur de nous. Il s'agit d'oser ressentir en nous leurs vibrations et les états associés qu'ils génèrent, puis de les laisser grandir dans la vie, dans chacun de nos actes, même les plus anodins en apparence, dans l'exercice de chacune de nos responsabilités. C'est ainsi que nous devenons créateurs de nos idéaux. Nous ne donnerons naissance à une nouvelle civilisation d'amour, de beauté et de sagesse que si nous prenons véritablement conscience que ces trois « mots-vibrations » sont à ranimer d'abord en nous. C'est un peu comme si notre civilisation, après avoir longtemps valorisé la brillance extérieure des idées, devait apprendre à les ré-habiter avant de les émettre et de les faire rayonner. Ce rayonnement part de nous.

Laisser ces vibrations se déployer à l'infini

Allons plus loin. Entrons plus encore dans ces vibrations et laissons ces énergies se déployer.

L'Amour

L'amour est une des plus hautes fréquences vibratoires de l'univers. C'est une fréquence lumineuse et indicible. Elle nous élève. Plus on grandit en amour, plus on grandit en communion avec les êtres et tout ce qui nous entoure, avec nous-mêmes et avec des parties de nous-mêmes que nous ne connaissons pas. Grandir en amour, c'est accroître notre sensibilité au vivant, notre capacité à nous mettre en lien, et plus encore en résonance vibratoire avec ce que nous qualifions habituellement de « vivant », mais aussi avec le minéral ou avec les objets, notamment ceux fabriqués de main d'homme parce qu'ils sont constitués d'intentions et de particules de vie. L'amour est un mouvement orienté vers l'unité. Il « tient » tout notre univers, de l'infiniment petit à l'infiniment grand, du visible à l'invisible. Il est le fil sur lequel nous marchons et celui qui nous *anime*, au sens étymologique du terme, à savoir qui « donne la vie ».

La Beauté

La beauté, quant à elle, touche directement notre état d'être. La beauté crée l'émerveillement et l'apaisement, un apaisement profond. Il est difficile de la décrire avec des mots car on la reconnaît par notre ressenti. On ne sait pas bien ce qu'elle est *a priori*, mais on sait la capter et la ressentir lorsque nous la voyons. Elle est harmonie. L'harmonie n'est pas l'équivalent d'une construction aboutie, c'est un équilibre dont l'ensemble dégage le beau. Elle n'est ni perfection ni quantification. Elle nous nourrit car elle nourrit notre âme et quand l'âme est nourrie, le reste suit. Elle contribue à notre alignement corps-cœur-esprit.

La beauté existe et on peut la créer. Il y a la beauté de la Nature, on peut s'entrainer à percevoir cette beauté qui est là, en permanence. Il y a aussi celle que les humains produisent, des œuvres, des tableaux, des structures, y compris modernes, que l'on qualifiera de belles.

Dans les deux cas, la beauté va s'imposer à nous. Elle ne passe pas par le mental. Elle touche directement notre cœur. C'est l'expérience qu'a vécu le physicien quantique Fritjoz Capra, auteur du livre pionnier *Le Tao de la physique*. Il raconte qu'à l'occasion d'une méditation, il a perçu l'univers comme un tout cohérent et harmonieux, en mouvement, magnifique et grandiose[6]. La beauté est comme un signe de l'Univers qui se montre à nous dans ses interconnexions et sa magie. Elle provoque un « effet Waouh ! » puissant et doux à la fois. On la voit aussi dans les yeux d'un enfant ou dans un cœur aimant.

La Sagesse

La sagesse, elle, vient de loin. Elle est véhiculée depuis la nuit des temps par toutes les Traditions de sagesse[7] qui possèdent

---

[6] *Le Tao de la physique*, Fritjof Capra, Sand, 2004.
[7] Nous évoquerons à plusieurs reprises dans ce livre les Traditions de sagesse, ou Traditions spirituelles, ou Traditions d'intériorité. Nous regroupons sous ce vocable les enseignements et les connaissances mystiques, initiatiques et ésotériques que les humains développent et se transmettent depuis toujours, que ce soit au sein des Peuples premiers ; à travers la culture chamanique présente dans le monde entier et qui véhicule des connaissances par l'expérience et l'oralité ; les philosophies d'Asie, comme le bouddhisme, l'hindouisme et les traditions védiques d'Inde, le

un socle commun qu'on appelle la *Sophia Perennis*, c'est à dire la sagesse fondamentale des Anciens. La sagesse est l'équilibre entre les mondes. C'est aussi la recherche de l'équilibre dynamique et vivant entre tous les aspects de « ma vie ».

La sagesse me met, et nous met, en interaction et en dialogue, en connexion et à l'écoute de nous-mêmes, de ce qui nous traverse, dans notre corps, nos émotions, notre cœur, et aussi le monde. Sa porte d'entrée est l'écoute. Sans écoute, il n'y a pas de sagesse. Écoute de soi et écoute du monde. Et, accompagnant cette écoute, on trouve une forme d'acceptation de ce qui est. Arrive alors le processus d'harmonisation entre les différentes composantes de mon être ou d'une situation. Ce n'est pas la quête d'un équilibre mou ou immobile. C'est au contraire la recherche du point d'intégration le plus dynamique de moi-même en mouvement. La Sagesse, c'est l'harmonie en action.

La sagesse aura pour conséquence un élargissement de mon champ de vision et de ma temporalité. Elle apporte une pers-

---

taoïsme de Chine ; les connaissances d'Amérique transmises par les Amérindiens, qu'il s'agisse des Peuples autochtones qui furent décimés ou ceux dits précolombiens, comme les Mayas ; les sagesses philosophiques antiques telles celles développées par Pythagore ou Socrate, en lien avec les apports de l'Égypte antique et des enseignements Sumériens ; les enseignements thérapeutiques esséniens ; les enseignements des bâtisseurs des cathédrales et des temples sacrés à travers le monde ; les enseignements plus occidentaux que l'on va retrouver dans les textes apocryphes chrétiens, mais aussi rosicruciens ou maçonniques à l'origine ; et bien d'autres. Sans être identiques, ces traditions se rejoignent sur des fondamentaux universels, la *Philosophia Perennis* (ou *Sophia Perennis*), et en premier lieu sur l'importance de la connaissance et de la maitrise de soi.

pective nouvelle. C'est ainsi que la décision la plus sage ne sera pas la décision la plus évidente à l'instant « t », ce sera peut-être une décision de plus long terme, ou de moyen terme. La sagesse, qui nous permet d'intégrer beaucoup plus de paramètres que la non-sagesse, nous offre une vision plus ouverte sur la vie.

C'est un projet de civilisation

Élévation, communion, sensibilité au vivant, résonance vibratoire, mouvement vers l'unité, état d'être, émerveillement, apaisement, harmonie, nourriture de l'âme, alignement corps-cœur-esprit, équilibre dynamique, interaction, dialogue, écoute, acceptation, vision élargie. Tels sont les mots que nous venons d'utiliser pour parler de l'Amour, de la Beauté et de la Sagesse. Il y a, au travers de ces mots, tout une manière d'être au monde et d'être ensemble dans le monde.

Ces mots, qui apparaissent dès lors qu'on parle d'Amour, de Beauté et de Sagesse, peuvent être les bases, si nous le décidons, d'une nouvelle culture pour une nouvelle ère, une culture en mesure d'intégrer et de faire dialoguer les différents règnes et écosystèmes au sein desquels nous évoluons. Les humains bien sûr, mais aussi les plantes, les minéraux, tous les êtres de la nature terrestre et plus encore. Il nous appartient de donner naissance à cette intégration harmonieuse.

Ne nous y trompons pas : bien qu'il ne s'agisse pas d'un idéal extérieur à nous, nous l'avons souligné, mais d'un état d'être à trouver avant tout en nous, ce travail d'intériorité et d'expansion est à la base d'un immense projet de société et plus encore d'un projet de civilisation. C'est un des enjeux de notre entrée dans l'ère de la conscience. Ce mouvement est en cours, car de nombreux humains ont déjà compris cela et sont en train de tisser ces nouvelles architectures invisibles empreintes de respect et de plus de simplicité, d'amour, de beauté et de sagesse.

Le point de départ : notre qualité d'être et de présence

Ces quelques réflexions sur ce que pourrait être le socle d'une nouvelle civilisation rejoignent celles du *Cercle du samedi*, un groupe informel de partage créé en 2017. L'objectif de ce groupe était de se questionner sur la manière de régénérer la pensée politique en y intégrant les apports de la science, celle qui se questionne véritablement sur ce que sont le réel et la vie, ainsi que les nouvelles connaissances sur la conscience (que nous évoquons plus loin dans ce livre).[8]

Un des enseignements majeurs de ce groupe est que, lorsqu'on réfléchit à la pensée politique de demain, à savoir une politique plus consciente et plus sage, le premier travail à faire n'est pas de faire émerger de nouvelles idées ou des concepts nouveaux, aussi séduisants soient-ils. Il est de revenir en premier lieu à

---

[8] *Le cercle du samedi* est un groupe informel de citoyens initié en 2017 par Charles-Maxence Layet et Laurence Baranski. Il s'est réuni à ce jour environ tous les 2 mois pour échanger sur le thème « Science, Conscience et Politique » à l'Agora Paris. Il a collectivement produit en 2019 le texte *Douceur et politique : et si l'amour guidait nos pas ?* que nous intégrons au terme de ce chapitre.

nous-mêmes et à notre qualité de présence et d'être. Être aligné en soi-même est un acte politique fondateur et incontournable. Ce n'est qu'à partir de là, et uniquement de là, en veillant à la juste résonance *intériorité-extériorité* en soi, dans l'ici et maintenant et à chaque instant, que nous pouvons réveiller en nous une pensée vivante et nouvelle, tissée d'amour, de beauté et de sagesse.

Ce premier travail de cohérence individuelle est d'autant plus solide qu'il se fait en proximité avec d'autres, au sein des petits groupes auxquels nous appartenons et qui, de proche en proche, peuvent se rejoindre et transformer la société jusqu'à la civilisation tout entière, comme une tache d'huile se répand. Apprendre à être dans la justesse avec soi et avec les autres est un enjeu sociétal et civilisationnel. Il nous concerne toute et tous. Il est bien plus transformateur qu'il ne pourrait y paraître au premier abord. Il est de nature à faire rayonner l'Amour, la Beauté et la Sagesse en nous et dans le monde.

Et vous ? À la porte Amour, Beauté et Sagesse : des bases pour la nouvelle civilisation, que ressentez-vous, que pensez-vous, que diriez-vous ? Comment ces mots résonnent-ils en vous et comment souhaitez-vous, peut-être, les faire davantage rayonner autour de vous ? Que vous disent à ce sujet vos envies, votre intuition, votre petite voix intérieure ?

Me promenant dans la beauté

Les Traditions de ceux qu'on nomme les Peuples premiers sont empreintes d'Amour, de Beauté et de Sagesse.
Cela transparait notamment à travers leurs prières, comme celle-ci qui est intitulée *Me promenant dans la beauté*.
Il s'agit d'une prière Navajo[9]. Elle nous connecte à nos dimensions sacrées et à l'univers tout en marchant car, comme le disent les indiens Navajos, c'est en marchant que « Je suis dans la vie ».
Vous pouvez lire cette prière qui parle de la beauté intérieurement ou à voix haute. Dans les deux cas, voici une suggestion : laissez-vous traverser par sa vibration et laissez cette vibration bienfaisante agir sur vous.

---

[9] Au sujet de la culture Navajo, nous renvoyons les lecteurs intéressés aux séminaires et aux travaux, notamment sur la beauté, de Lorenza Garcia, réalisatrice, chanteuse et musicienne, initiée à la culture navajo, fondatrice de l'Association Navajo France.

Me promenant dans la Beauté, me promenant, me promenant avec elle,
L'univers entier m'accompagne en cette promenade,
Sa beauté marche devant moi,
Sa beauté marche derrière moi,
Sa beauté marche au-dessous de moi,
Sa beauté marche au-dessus de moi,
La Beauté est de toute part.

Je marche et je marche avec la Beauté, dans la Beauté je peux marcher,
Je peux ainsi marcher toute une journée, et puis tout au long des cycles des saisons,
En toute beauté, je possèderai encore une fois les plus beaux oiseaux, ceux qui sont beaux et joyeux,
Sur la piste gravée de pollen où je me promène,
Des sauterelles sautent autour de mes pieds pendant que je me promène,
De la rosée sur mes pieds pendant que je marche.

Que la Beauté m'accompagne,
Elle, devant moi, Elle, derrière moi, Elle, au-dessus de moi, Elle, tout autour de moi,
Et l'âge venu, je me promènerai encore, bien vivant sur la piste de la Beauté,
Je m'y promènerai toujours jusqu'à finir dans la Beauté.

Puisse la beauté toujours marcher devant moi.

Douceur et politique :
et si l'amour guidait nos pas ?

> *Le texte ci-après, que nous avons évoqué précédemment, est proposé pour inspiration et réflexion. Il a été écrit en 2019 par « Le cercle du samedi », un groupe informel de citoyens et citoyennes de tous horizons, qui se réunissent depuis 2017 sur le thème « Science, Conscience et Politique ».*

« Un souffle nouveau nous porte. Une nouvelle énergie se met à rayonner. Elle émerge du chaos et se nourrit de nos désirs de douceur, de bienveillance et de paix. Elle est le reflet d'un espoir. Celui de nous ouvrir au sens et à la beauté de la vie.

Aujourd'hui, tout se passe comme si nos âmes nous interpellaient et nous demandaient de nous réveiller, de nous ouvrir à la fraternité et à l'amour.

Cet élan offre des perspectives magnifiques pour notre présent et le devenir de l'humanité. Il donne naissance à une nouvelle politique du XXIème siècle dont nous pouvons voir les prémisses émerger partout sur la planète.

Les sciences elles-mêmes se régénèrent. Un mouvement scientifique grandissant explore les mondes invisibles qui nous entourent et élargit notre perception de la réalité.

Nous apprenons depuis des millénaires à vivre ensemble sur la Terre. Aujourd'hui, nous sommes invités à porter notre regard un peu plus loin, au-delà du visible, à croire en nos rêves, à ouvrir nos consciences et nos cœurs.

Nous tissons et orientons ensemble notre réalité collective. Nous sommes toutes et tous reliés et interconnectés. Ainsi, la fraternité et la solidarité ne peuvent pas être considérés seulement comme des idéaux vers lesquels nos sociétés souhaitent tendre. Ce sont des lois du vivant qui doivent être placées au cœur de toute pensée et action politiques.

Chacun de nous est acteur du futur à imaginer ensemble.

Inspirés par le nouveau souffle qui nous porte, nous sommes conduits, au niveau collectif, à effectuer des changements radicaux dans tous les domaines de la vie en société, à l'échelle locale comme à l'échelle planétaire : éducation, rapport à la nature, recherche, énergie, économie, agriculture, alimentation, santé, culture...

Au niveau individuel, nous sommes invités à nous saisir de notre responsabilité, à nous pacifier intérieurement et à œuvrer pour le bien commun.

La bienveillance envers chacun, l'inclusion de tous et la juste compréhension des grands équilibres de la vie et de la nature, sont les valeurs qui nous guident pour inventer cette nouvelle politique du XXIème siècle, et pour faire émerger un monde de générosité, de beauté et de liberté, pour nous-mêmes et pour les générations à venir.

Aujourd'hui, l'évolution de l'espèce humaine est conditionnée par notre capacité à faire le choix de l'Amour. Ce choix marquera une étape majeure de l'histoire de notre humanité et de notre civilisation. C'est notre responsabilité. Si nous mobilisons l'énergie de nos cœurs, notre potentiel créateur sera immense. »

Chapitre 3
Apprendre à vivre dans les trois dimensions du temps

> **Témoignage**
>
> « Lorsque j'écris ou dessine, la notion du temps disparait complètement. Je suis dans un espace sans temps. C'est comme si le temps n'existait plus. Je suis seule avec ma créativité et le plaisir de créer. Je me dis que c'est un état qui me connecte à autre espace-temps que celui de mon quotidien.
>
> J'ai aussi constaté que, lorsque dans mon passé j'ai fait des choix de vie qui me tenaient vraiment à cœur, même s'ils n'étaient pas faciles à faire, des choix qui correspondaient profondément à mes envies sincères, alors dans les jours et dans les semaines qui suivaient tout se mettait en place dans ma vie avec une grande facilité, tout était incroyablement fluide. Je rencontrais les bonnes personnes. Je recevais d'une manière ou d'une autre les informations dont j'avais besoin. Je signais un nouveau contrat qui était le bienvenu financièrement.
>
> Dans ces moments-là, lorsque nous prenons des décisions qui nous rapprochent de nous-mêmes, tout semble être magique. Pour moi, c'est réellement de la magie, c'est à dire *l'âme qui*

> *agit* comme le dit le langage des oiseaux. J'ai entendu de nombreuses personnes témoigner aussi de cette expérience. En fait, lorsque nous créons ou que nous prenons des décisions de vie en accord avec nos rêves profonds, nous ouvrons une fenêtre sur un autre espace-temps, assurément en lien avec notre âme. Elle nous parle directement, elle nous inspire et cela facilite notre évolution bien au-delà de Chronos, le temps terrestre. » Laurence

Après avoir franchi la porte du sensible en nous et autour de nous, puis celle de l'Amour, de la Beauté et de la Sagesse qui naissent et rayonnent au-delà de nous à partir de notre intériorité, passons à celle du Temps.

Nous nous engageons dans un chapitre un peu plus long, alors allons-y pas à pas, avançons tranquillement à la rencontre de Chronos, d'Aiôn, de Kairos, des synchronicités, des lignes temporelles et, pour finir, à la rencontre de nous-mêmes, cette rencontre incontournable dans l'ère de la conscience.

L'approche matérialiste nous dit que ce qui détermine notre réalité est l'espace-temps au sein duquel la matière prend vie.

Dans cet espace-temps, le temps s'écoule inlassablement de manière linéaire, du passé vers le futur, au rythme des secondes, des minutes, des heures, des jours, des années, des siècles, des millénaires. C'est ce qu'on appelle la *flèche du temps*. Mais de quel temps parle-t-on ?

Chronos : le temps de notre quotidien

Le temps est quelque chose d'insaisissable et de mystérieux. Pourquoi mystérieux ? Parce que nous pouvons avoir l'impression qu'il n'est pas toujours le même. À certains moments de notre vie, nous aurons l'impression qu'il s'écoule très lentement. À d'autres, qu'il s'écoulera très vite. Il pourra s'être écoulé le même temps, mais notre perception aura été différente. Elle est fonction de notre état d'être. En général, ce qui nous parait ennuyeux s'étire longuement. Dans le jeu, le plaisir ou la création, le temps passe trop vite, même si les horloges le mesurent de la même manière.

Ce temps du quotidien s'appelle Chronos. C'est le temps physique, celui qui s'égrène de manière immuable, avec néanmoins aujourd'hui ce sentiment partagé par beaucoup qu'il est en train de s'accélérer. Tout va beaucoup plus vite. Mais qu'il aille plus vite ou pas, il n'en demeure pas moins qu'il s'écoule d'un instant « a » vers un instant « b »

Nous avons tous intégré Chronos. Chronos structure les activités de l'humanité sur l'ensemble de la planète. Il est un cadre et un rythme qui nous sont imposés. Grâce à lui, nous avons une représentation commune de ce qu'on peut appeler le passé (ce qui a été vécu et le récit que nous en faisons), le futur (ce qui reste à venir et à vivre) et le présent qui s'échappe à chaque instant car à peine ai-je parlé, qu'il s'est déjà envolé. Chronos organise nos vies, tout en étant insaisissable.

Aiôn : le temps éternel

Chronos n'est pas le seul temps. Quasiment toutes les Traditions de sagesse parlent d'un temps cyclique. Le temps cyclique évoque quelque chose qui revient régulièrement. C'est le temps qui nous fait entrer dans l'ère du Verseau après avoir traversé l'ère du Poisson (l'ère est ici entendue au sens astrologique et s'évalue en milliers d'années), des éons géologiques (milliards d'années) et au-delà. Lorsqu'on tente de s'approcher d'Aiôn, depuis notre repère terrestre, à l'échelle de Chronos, le temps se calcule en milliers, millions et milliards d'années et bien plus encore.

Ce temps, qui est évoqué dans les Traditions, est en fait celui des grands cycles cosmiques auxquels sont associés un sentiment d'éternité ainsi que le mythe de l'éternel retour. Un cycle se termine puis un autre repart, et cela à l'infini semble-t-il, éternellement, comme s'il y avait quelque part une sorte de grande et lente horloge cosmique, une horloge qui aurait tout son temps.

La philosophie antique nommait ce temps Aiôn, un mot dont la signification est un mix entre les mots « ère », « âge », « génération » et encore « destinée ». Notre corps vit dans Chronos, mais notre être intérieur, lui, peut se connecter à ce temps cosmique. C'est possible lorsque nous sommes en état de paix intérieure. Nous échappons alors à l'emprise du temps physique Chronos.

Aiôn est un temps éternel qui s'étend jusqu'au « non-temps », cet « instant sans temps » dans lequel se plongent les méditants, se connectant ainsi aux dimensions les plus élevées d'eux-mêmes.

Kairos : le temps des synchronicités

Et entre Chronos et Aiôn, il y a Kairos. Kairos est un temps et un espace à la fois, celui des synchronicités. Les synchronicités sont ces moments très particuliers où une information, ou bien une situation inattendue, se présente à nous, dans notre réalité physique. On ne l'avait pas prévue, mais cela va créer immédiatement une prise de conscience qui nous sera utile, accompagnée parfois d'un étonnement ou d'un émerveillement tant nous sommes surpris. Les synchronicités tombent toujours à pic ! C'est le téléphone qui sonne lorsqu'on pense à une personne. C'est un rendez-vous qui s'annule au moment où justement on avait besoin de temps pour faire quelque chose d'important pour nous. C'est une rencontre surprenante alors même qu'on souhaitait faire cette rencontre sans vraiment oser l'espérer. C'est la voiture qui ne démarre pas, ce qui nous énerve beaucoup sur le coup, mais on découvrira plus tard grâce au garagiste que c'était une protection car un accident grave aurait pu se produire. C'est aussi une fulgurance, comme le *Eureka !* des chercheurs.

Kairos est représenté dans la mythologie grecque par un personnage qui tient une balance et qui a deux petites ailes. Des ailes parce qu'il vient du ciel en quelque sorte. La balance symbolise quant à elle le fait qu'en nous apportant une information nouvelle, Kairos nous permet de faire un choix que nous n'aurions probablement pas fait si cette synchronicité ne s'était pas produite et si nous n'avions pas eu l'information. Grâce à cette information, notre horizon s'ouvre et tout peut basculer. Kairos est un temps qui ne se mesure pas, c'est un messager.

Kairos et les lignes temporelles

Kairos est en fait le temps de l'instant, du parfait moment présent. C'est dans ce temps-là que se précisent les lignes de temps et leurs possibles bifurcations.

Les *lignes temporelles* sont comme des chemins sur lesquels nous évoluons. À l'échelle de Chronos, elles vont du passé vers le futur. Elles sont tracées par nos multiples choix de vie, mais aussi par tout ce qui conditionne ces choix, c'est-à-dire par nos pensées et nos actions, conscientes et inconscientes, instant après instant. Sur ces lignes du temps qui nous semblent parfois tellement bien tracées qu'elles en deviennent ennuyeuses, Kairos, ou plusieurs Kairos, ou un énorme Kairos, peut nous permettre d'effectuer une bifurcation parce qu'on aura soudainement pris conscience de quelque chose de nouveau. On cessera alors de répéter, on sortira de ses habitudes, des formatages et des carcans qu'on s'était imposés, et on commencera à dessiner une nouvelle ligne de temps. Lorsque nous faisons cela, nous ouvrons le champ des futurs possibles qui se déploie devant nous.

Créer notre futur

Comme le dit le scientifique Sylvain Fève, reprenant la pensée du physicien Philippe Guillemant qui a fait du temps un de ses sujets de recherche, notre futur serait en fait « *comme un chemin voilé par le brouillard. Le fait que nous ne le voyons pas ne signifie pas qu'il n'existe pas* ». Le futur, ou plutôt des futurs possibles. « *À chaque instant,* poursuit Sylvain Fève, *nos lignes temporelles, du passé vers le futur, seraient bien tracées dans l'espace-temps. Mais cela ne veut pas dire qu'elles ne peuvent pas bouger. En effet, plusieurs lignes temporelles pourraient être superposées dans le présent, offrant ainsi la possibilité de changer le futur par simples commutations de ces lignes temporelles. Nous serions ainsi à chaque instant en mesure de choisir la ligne temporelle sur laquelle nous évoluons.* » [10]

Ce sont les synchronicités, et donc notre attention aux signes de Kairos, qui vont nous permettre d'activer ces commutations pour nous engager ensuite, ou pas, vers les futurs que nous choisirons. Kairos est ainsi un allié précieux qui nous permet d'infléchir et de modifier notre ligne de temps. Nous voilà donc créateurs de notre futur si nous le souhaitons.

Changer notre passé

L'idée d'un temps flexible et malléable va plus loin : nous pouvons non seulement faire évoluer notre futur mais

---

[10] Extrait de la vidéo (disponible sur YouTube) de l'intervention de Sylvain Fève au Forum des médecines de l'âme, en 2021, dans laquelle il évoque la conscience et les lignes de temps selon l'approche de Philippe Guillemant. Sylvain Fève est intervenu aux *Rencontres Conscience et Citoyenneté* 2023, sur le thème du Libre arbitre, en lien avec la conscience et l'approche scientifique post-matérialiste.

également changer notre passé. Autrement dit, nous pouvons changer toute notre ligne de temps.

Prenons un exemple. Imaginons que je ne savais rien sur l'histoire de ma famille. Je fais un jour une découverte à haute intensité relative à qui était mon père, ma mère, ou un morceau de leur vie, ou sur ce que j'ai vécu en tant qu'enfant mais que j'ignorais totalement. À partir de cette découverte, toute une série de nouvelles compréhensions sur qui je suis et d'où je viens va apparaître. Mon propre récit de vie vient de changer. Il n'est plus le même que la veille avant d'avoir ces informations-là. Le fait d'avoir une nouvelle connaissance, compréhension et surtout conscience de mon passé, va pouvoir changer radicalement un certain nombre de choix pour mon futur. En reconstruisant ainsi mon récit de vie, grâce à cette information nouvelle, je vais changer non seulement la conscience que j'ai de mon passé, mais également mon passé lui-même. En effet, les événements de mon passé vont s'agencer autrement et l'ancienne ligne de temps (qui correspondait à mon ancien récit de vie) va pouvoir s'effacer au profit de la nouvelle ligne de temps (mon nouveau récit) qui, elle, va pouvoir s'activer. En comprenant et en mémorisant autrement les évènements, je viens de changer de ligne temporelle et je m'offre de nouveaux futurs potentiels.

En fait, tout semble se passer comme si tous les passés et tous les futurs existaient simultanément, et comme si nous nous promenions en permanence sur une grille de probabilités d'évènements auxquels nous allons donner du sens ou pas, que nous allons manifester ou pas. Nous baignons dans un océan de probabilités temporelles. On pourra rétorquer à cela que les événements du passé restent les événements du passé et que nous n'y avons rien changé. C'est vrai, certains événements ont été. Mais le poids psychologique (et également vibratoire et fréquentiel[11]) qu'ils ont sur nous et notre vie, et qui dépend de l'interprétation que nous en faisons, a changé.

La vie, une valse à trois temps

Nos cerveaux rationnels ne sont pas préparés à cette perception flexible et probabiliste du temps. Cela se comprend. Nous vivons dans la matière et sous la domination de Chronos qui nous écrase par son déterminisme, nous donnant l'impression que nous n'avons aucun choix et que tout est scandé par son rythme implacable.

Chronos ne nous laisse pas le temps de trouver notre espace de créativité ou de recréation, et c'est bien le problème. Il nous fait haleter, au sens propre comme au sens figuré, et on n'y échappe pas, ou difficilement.

Aiôn, lui, nous donne accès à des espaces extrêmement vastes où se trouve notre liberté fondamentale d'être, mais où nous pouvons nous sentir d'une certaine manière désincarnés, au-delà du corps puisque nous y accédons par notre esprit et nos perceptions.

---

[11] L'idée selon laquelle il est possible de changer de ligne temporelle en changeant son passé, ce qui va venir changer notre présent et notre futur potentiel, est également développée en hypnose régressive quantique, une approche que nous évoquons plus loin dans ce livre.

Heureusement, il y a Kairos. Par notre conscience de « l'instant présent » et par notre capacité à capter des informations nouvelles et des synchronicités, il nous ouvre tout un espace de renouvellement. Il nous offre l'opportunité d'une réalité élargie. Toutes celles et ceux qui sont sensibles à Kairos en témoignent et l'expriment en synthèse de la manière suivante : « Plus je suis dans l'instant, plus je me centre en moi-même, plus j'accepte ce qui est, plus je fais ce travail d'alignement intérieur, alors plus je suis conscient des synchronicités et des signes que m'envoie l'univers. Alors tout s'aligne autour de moi. C'est un vrai bonheur. »[12]

Comment se connecter à Kairos ?

Comment se connecter à Kairos ? Tout d'abord en ayant la conviction personnelle qu'il est possible de changer de trajectoire. Ensuite, en effectuant ce travail d'apaisement intérieur. Et bien sûr, en faisant confiance aux signes que la vie nous envoie.

En fait, on se connecte à Kairos lorsqu'on est dans l'instant. Toutes les pratiques d'intériorité qui permettent d'échapper à un Chronos exclusif et d'élargir le cadre qu'il nous impose, nous rapprocheront de Kairos.

On entend aujourd'hui souvent l'expression « Sortir de la matrice », la matrice symbolisant le système de formatage

---

[12] Nous avons reçu de nombreux témoignages en ce sens, et nous-mêmes en témoignons. Ce phénomène n'est pas magique mais il est considérablement facilitant et aidant.

culturel, énergétique, marchand et financier, perçu comme oppressant et dans lequel nous sommes plongés.

Cette matrice s'entend bien avec Chronos. Elle aussi est rythmée par un temps court, aujourd'hui celui des algorithmes numériques et de l'IA, au détriment de ceux de la Nature et de l'humain.

Sortir de la matrice passe par se connecter à Kairos et donc par ce travail de connexion à soi et d'alignement.

À l'échelle collective, on peut observer qu'un mouvement se dessine actuellement pour réhabiliter le temps long, celui de la Nature, de la méditation, du « ne rien faire de productif », de l'être et de l'instant. Ce mouvement collectif est en fait une invitation à nous connecter individuellement à Kairos, à nous mettre véritablement à l'écoute de nous-mêmes, à croire en nous et en notre capacité à créer la vie.

Ce double mouvement (aspiration collective au temps long et recentrage individuel) est le reflet du changement d'ère à l'œuvre. Nous sommes actuellement entre deux mondes. Il ne s'agit pas de nier Chronos, mais de rééquilibrer en nous les trois temps. Ils sont présents en permanence. Il est possible de les rapatrier dans nos vies, dans un juste équilibre personnel.[13]

---

[13] Il existe de nombreuses pratiques pour nous aider à nous mettre à l'écoute de Kairos et à nous connecter à Aiôn, en d'autres termes pour sortir de Chronos. Elles proposent toutes, chacune à leur manière, de nous apaiser et de nous aligner corps-cœur-esprit. Nous renvoyons les lecteurs qui souhaiteront aller plus loin aux ouvrages et praticiens de leurs choix. Dans ce domaine, il est essentiel que chacun trouve l'approche avec laquelle il se sent pleinement en résonance.

Et vous ? À *la porte* **Apprendre à vivre dans les trois dimensions du temps,** *que pensez-vous, que diriez-vous de votre expérience des temps, qu'auriez-vous envie d'explorer intellectuellement ou intérieurement ? Que vous disent à ce sujet vos envies, votre intuition et votre petite voix intérieure ?*

Chapitre 4
Quelle conscience ai-je de ma conscience ?

> **Témoignage**
>
> « Ma première ouverture de conscience, celle dont je me souviens vraiment, s'est produite lorsque j'avais 6 ou 7 ans. Je regardais un film d'Arnaud Desjardin, qui était un enseignant spirituel très connu et reconnu.
>
> Pendant que je regardais ce film, j'ai eu la sensation d'une ouverture de mon troisième œil. C'était une sensation forte, physique, qui a vrillé dans mon crâne. Quelque chose en moi venait de s'ouvrir. J'ai continué à regarder les danses tibétaines quasiment dans un état de transe. C'est mon premier souvenir d'une expérience forte qui m'a connecté à d'autres plans, à d'autres sensations inconnues pour moi jusque-là.
>
> À partir de là, donc très jeune, je suis entré dans une quête consciente, j'ai commencé à lire des livres, à parler de ces sujets. À 12 ans je m'entrainais au voyage astral et jusqu'à 15 ans à lire les auras. Je me suis ensuite engagé dans des démarches d'enseignement plus structuré. Ce chemin est l'essence de ma vie. Il me connecte à qui je suis. » Ivan

Après nous être ouverts aux dimensions invisibles et subtiles de la vie, avoir laissé vibrer la Sagesse, la Beauté et l'Amour en nous et dans nos vies, et nous être connectés aux trois dimensions du temps, explorons à présent la conscience.

C'est quoi la conscience ?

Nous ne parlons pas ici de la conscience morale (ce qui est bien ou mal), mais de ce quelque chose de mystérieux qui est en nous et qui fait que nous savons que nous sommes en vie, que nous sommes conscients d'être vivants.

Cette conscience-là est entrée dans le débat public il y a quelques dizaines d'années. On a vu apparaître de nombreux colloques qui ont réuni sur ce sujet de grandes sommités scientifiques, mais aussi spirituelles. On sent bien que cette conscience se situe à la frontière de la science et de la spiritualité.

Pourquoi la science ? Parce que la science se questionne sur le vivant et que notre conscience, justement, est ce qui nous permet d'affirmer que nous sommes vivants, que nous nous sentons vivants. Et pourquoi la spiritualité ? Parce que la conscience est aussi quelque chose d'invisible, de subtil, qui a à voir avec le « spiritus », l'esprit et le souffle de la vie.

D'un point de vue scientifique, il y deux approches différentes pour appréhender ce qu'est la conscience.

La première est ce qu'on appelle *l'hypothèse locale* : dans cette hypothèse, la conscience est située (localisée) dans le cerveau, elle en est une émergence et elle lui est indissociable.

S'il n'y a plus de cerveau, il n'y a plus de conscience. Cette hypothèse résulte d'une vision matérialiste de la vie. Elle place la matière, en l'occurrence le cerveau, au premier plan.

L'autre hypothèse est dite *l'hypothèse non-locale*. Dans cette hypothèse, le cerveau n'est qu'une interface entre notre dimension physique (terrestre, incarnée) et notre conscience qui est située quelque part ailleurs, mais pas dans le cerveau. Cette conscience, qui est donc non locale, préexiste à notre naissance sur Terre et existera après notre mort physique.

Cette seconde hypothèse place ce « quelque chose d'invisible », qu'on appelle « conscience », au premier plan. C'est l'hypothèse des scientifiques dits *post-matérialistes*. Pour eux, cette dimension invisible de nous-mêmes, qui est parfois assimilée à notre « esprit », est première. Pour affirmer cela, ils se basent entre autres sur l'étude des expériences de mort imminente (EMI) et sur certains phénomènes extrasensoriels comme la médiumnité.[14]

Est-il besoin de préciser à ce stade que nous, auteurs de ce livre, nous situons dans cette perspective post-matérialiste ? Notre expérience de vie nous amène en effet à la conclusion que notre conscience n'est pas logée dans notre cerveau. Celui-ci n'est qu'un intermédiaire entre nous, dans notre dimension terrestre, et une dimension plus vaste de nous-mêmes. La conscience est « autre » et « ailleurs », même si le

---

[14] Pour en savoir plus sur l'approche post-matérialiste, nous vous renvoyons au *Manifeste pour une science post-matérialiste* initié notamment par le neurobiologiste Mario Beauregard, un manifeste que vous pourrez retrouver facilement sur Internet.

cerveau, en tant qu'interface, peut jouer un rôle clé dans notre incarnation, un rôle utilement exploré par les neurosciences.

Explorer sa propre conscience

En fait, avant d'être une hypothèse scientifique, et quelle que soit cette hypothèse, locale ou non locale, la conscience est d'abord une question entre « moi » et « moi » : j'ai conscience d'être moi. Et la question principale n'est plus : « Qu'est-ce que la conscience ? ». Elle devient : « Quelle conscience ai-je de ma propre conscience ? ». De ma conscience ordinaire, celle qui est active au quotidien, mais aussi de ma conscience élargie, celle qui me permet d'accéder à des informations subtiles, plus intuitives, plus vastes.

Pour le psychiatre Olivier Chambon, pionnier dans l'étude des états de conscience, cette conscience élargie nous ouvre les portes de la liberté et nous indique même le chemin de l'amour. « *Si on considère la conscience comme une capacité d'observation, d'accueil, de confrontation pacifique avec ce qui vient, sans chercher ni à le détruire, ni à le fuir*, dit-il, *alors on ne peut pas être atteint dans notre liberté de choix, qui découle d'une profonde observation, d'une profonde acceptation, d'une profonde compassion. À un moment donné, on va faire forcément le bon choix, qui est un choix d'ouverture, d'acceptation, d'apprentissage et d'amour, d'une forme d'amour. On reste libre dès qu'on est dans la conscience élargie. »*[15].

Jusqu'où pouvons-nous élargir notre conscience au point d'accroitre notre liberté d'être ? Au point de percevoir la réalité autrement, avec à la fois plus d'acuité, d'ouverture et de sensibilité ? Jusqu'où avons-nous envie de l'élargir ? Comment souhaitons-nous explorer nos propres états de conscience ? Comment intégrerons-nous dans notre conscience ordinaire, celle qui est active au quotidien, les prises de conscience que nous pourrons faire lorsque notre conscience est élargie ? En synthèse, comment nous ouvrons-nous aux informations et aux perceptions nouvelles, les deux pieds bien posés sur la Terre ?

Lorsque nous nous engageons dans cette exploration et cet accueil de ce qui vient, c'est comme si nous nous donnions à nous-mêmes l'autorisation d'accéder à notre vastitude entre Ciel et Terre. C'est aussi faire le choix d'un cheminement holistique de connaissance de soi, un cheminement qui peu à peu nous connecte à un sentiment d'être reliés à plus grand que nous, jusqu'à quelque chose qui s'apparente au Tout. Nous élargissons notre perception de nous-mêmes et de la réalité.

Cette démarche d'exploration intérieure n'est pas nouvelle. C'est celle de toutes les Traditions de sagesse et spirituelles. C'est aussi celle de la médecine millénaire ayurvédique qui veille à harmoniser énergétiquement et vibratoirement nos

---

[15] Source : intervention d'Olivier Chambon aux *Rencontres Conscience et Citoyenneté* 2021.

dimensions visibles et invisibles pour nous maintenir en santé. En Occident, c'est celle, plus récente, de la psychologie transpersonnelle qui considère l'individu comme un tout « corps-cœur-esprit »[16]. Il existe en fait de nombreuses voies d'accès à la conscience élargie et aux multiples plans sur lesquels elle vibre et se déploie.

Quatre axes d'exploration

Olivier Chambon, toujours, suggère que quatre axes conduisent à l'élargissement de notre conscience. Bien que différents, ils se rejoignent au niveau de la *Philosophia Perennis* (la philosophie éternelle), qui elle-même mène à la grande Conscience[17], appelée Dieu ou le divin par certains, l'Unité ou la Source par d'autres, l'Êtreté par d'autres encore.

Ces quatre axes sont les suivants :

- l'axe de la *physique* qui ouvre sur la *physique quantique* et une autre compréhension du réel ;
- l'axe de la *philosophie* qui ouvre sur la *métaphysique* et une autre représentation de la réalité ;
- l'axe de la *religion* dont l'étude ouvre les portes de la *spiritualité* et d'une autre perception de nous-mêmes et de la vie ;

---

[16] Avec en chef de file le psychologue américain Abraham Maslow, auteur en 1962 de *Vers une psychologie de l'être* (Fayard, 1972) et dont l'approche va bien au-delà de la seule *Pyramide des besoins* largement connue et utilisée, notamment en management.
[17] Dans son ouvrage *L'éveil psychédélique* (Leduc, 2021), Olivier Chambon développe dans la première partie un modèle inédit et passionnant relatif à la conscience et aux états élargis de conscience. Nous vous renvoyons à cet ouvrage si vous souhaitez en savoir plus.

- l'axe de l'*expérience directe*, enfin, qui nous fait passer, par l'expérience, de la conscience ordinaire aux *états élargis de conscience*, à l'aide par exemple de la transe, des états mystiques spontanés, de l'utilisation de psychédéliques ou encore à l'occasion, plus rare, d'une EMI (Expérience de Mort Imminente).

Un autre chemin d'accès à ce quatrième axe « expérientiel direct » est l'hypnose régressive quantique. Cette approche a été développée au siècle dernier par l'hypnothérapeute Dolores Cannon, au départ pour aider les soldats à guérir de leurs traumas. Dolores Cannon s'était aperçue que, en état d'hypnose, il était tout à fait possible de remonter le temps à n'importe quel moment de son histoire, de revivre un événement passé et surtout, à partir de là, de guérir ses traumatismes.

Ici, l'exploration ne se fait pas seulement par la pensée ou les ressentis, qu'ils soient émotionnels ou corporels, mais en voyageant par l'esprit (la conscience), dans son propre espace invisible et vibratoire, à la rencontre de ses mémoires et de ses corps énergétiques qui peut-être auront besoin d'être rééquilibrés, de ses lignes de temps qui auront peut-être besoin d'être réparées et de notre être profond qui pourra nous inspirer[18].

---

[18] Pour en savoir plus sur l'hypnose régressive quantique, nous renvoyons les lecteurs aux ouvrages de Dolores Cannon.

Un désir grandissant d'élargir notre conscience

Il est intéressant de constater que, ces dernières années, les approches qui nous invitent à élargir notre conscience se sont incroyablement développées. Elles rencontrent un succès considérable. C'est le cas de l'hypnose régressive que nous venons d'évoquer, mais aussi du chamanisme ou de la transe par exemple. Nous y voyons le signe que de plus en plus de personnes ont intégré le fait que nous ne sommes pas seulement un corps physique qui évolue sur la Terre, nous ne sommes pas seulement un être qui pense, ressent et rêve. Nous sommes aussi une conscience qui se déploie dans l'invisible et le subtil.

C'est ainsi que nous nous affranchissons peu à peu des limites imposées par une vision uniquement matérialiste de la vie. Et alors que la science matérialiste résiste à l'hypothèse de la conscience non-locale, le public, lui, se met à expérimenter différentes techniques d'expansion de conscience et semble bien y trouver des bénéfices, avant tout celui d'aller mieux.

Bien sûr, il n'est pas nécessaire d'expérimenter les différentes approches que nous venons de citer pour faire l'expérience de la conscience, ni même d'utiliser une technique particulière. Chacun de nous fait l'expérience de sa conscience à chaque seconde, à chaque respiration. Rien que cela devrait d'ailleurs nous étonner, nous émerveiller et susciter notre curiosité. L'élargissement de conscience, quant à lui, est un peu à l'image du pont d'Indiana Jones. Dans ce film à succès, plus précisément dans l'opus *Indiana Jones et la dernière croisade*, il n'y a pas de pont devant le héros qui semble être dans une impasse et destiné à une chute inéluctable s'il avance. Mais le pont apparaîtra, s'il y croit, et le pont apparait effectivement. Pour expanser sa conscience, il faut d'abord le souhaiter et croire que cela est possible.

Simplicité et liberté d'être

Si la conscience est un sujet scientifique et spirituel, elle est donc avant tout un sujet personnel et expérienciel. Personne d'autre que moi ne pourra me dire à quoi correspond un élargissement de ma conscience et ce que cela peut m'apporter. Je dois en faire l'expérience moi-même. Nul besoin d'avoir des connaissances particulières pour cela. D'ailleurs, les médiums qui ont été reconnus comme étant de grands médiums, y compris par le monde scientifique, étaient souvent des personnes simples, qui parfois même n'avaient lu aucun livre.

En résumé, l'élargissement de sa conscience n'est pas une expérience intellectuelle (même si on pourra en déduire des enseignements intellectuels), ce n'est pas non plus une expérience émotionnelle (même si on pourra ressentir de fortes émotions), et ce n'est pas non plus une expérience exclusivement spirituelle (même si notre sensibilité spirituelle pourra s'ouvrir à cette occasion). C'est tout cela à la fois. C'est surtout l'expérience de la liberté d'être et d'avancer librement vers la connaissance de soi et vers sa propre réalisation.

L'expérience que nous pouvons faire de notre propre conscience a été négligée par la pensée rationaliste et matérialiste dans laquelle nous avons grandi et évolué ces dernières décennies. Mais nous sommes en train d'élargir nos champs de perceptions. Notre entrée dans l'ère de conscience nous entraine naturellement vers cette manière nouvelle d'être au monde, élargis, vivants et conscients de l'être, explorateurs de nous-mêmes.

Et vous ? À la porte Quelle conscience ai-je de ma conscience ? *que ressentez-vous, que pensez-vous, que diriez-vous sur ce sujet, qu'avez-vous envie d'apprendre peut-être, de rechercher, d'expérimenter ? Vous sentez-vous explorateur de votre propre conscience ? Si « oui », quelles voies aimeriez-vous à présent emprunter pour cette exploration ?*

Chapitre 5

Libérer sa créativité : une clé pour entrer dans la nouvelle ère

> **Témoignage**
>
> « Lorsque j'étais petite, bientôt adolescente, je faisais partie de la génération *Bof !*
>
> Lorsqu'on me demandait par exemple si j'aimais telle ou telle chose, ou ce que je souhaitais faire plus tard, je répondais *Bof !* Je ne savais réellement pas. À l'époque, je m'étais déconnectée de mes envies et de ma joie intérieure. Un feu s'était éteint en moi. Je ne me projetais pas, le futur ne me faisait pas rêver.
>
> Mais j'étais fascinée par les couleurs et les arcs-en-ciel. J'avais tendance à en dessiner partout. C'est cet arc-en-ciel, je crois, qui m'a permis de retrouver le chemin de la créativité et de la joie. J'ai réalisé qu'il y avait en moi une petite fille qui adorait colorer la vie. Peu à peu, j'ai retrouvé son énergie et la mienne en même temps.
>
> À présent, lorsqu'on me donne des feutres de couleurs, je dessine sans m'arrêter et le temps disparait. Je suis en joie. Je ne sais pas vraiment dessiner, mais j'aime vraiment beaucoup ce que je fais ! Je trouve que c'est beau et cela vibre en moi, cela me rend joyeuse. Nous avons toutes et tous en nous un

> enfant qui n'attend qu'une seule chose : créer, réenchanter, jouer et partager. » Laurence

Poursuivons notre chemin aux portes de cette nouvelle ère qui se déploie devant nous. Ce cinquième chapitre est court, mais il est l'occasion d'aborder un thème lui aussi essentiel : la créativité.

Créativité et joie

« *La créativité, c'est l'intelligence qui s'amuse* » a dit un jour Albert Einstein. La créativité, c'est d'abord ce qui nous met en joie. Lorsque nous libérons notre créativité, c'est un peu comme si quelque chose en nous se soulevait, ou s'égayait, ou se créait. C'est comme si on renouait avec une forme de pétillance. La créativité est en lien avec ces joies spontanées, simples et directes de l'enfance.

Nous avons toutes et tous pu en faire l'expérience au cours de notre vie : lorsque nous sommes dans un moment de véritable créativité, nous sommes en connexion avec notre joie intérieure. Bien sûr, la créativité va se manifester différemment pour chacun d'entre nous, à travers des activités diverses et variées. Le domaine de l'art, d'une façon générale, reste certainement celui qui permet au mieux de traduire notre créativité, qu'il s'agisse de la danse, du dessin, de la musique, du chant ou de tout autre pratique. Pour autant, des mathématiciens éprouvent certainement les mêmes sensations que les artistes dans l'élaboration d'équations complexes et éprouvent une véritable joie intérieure à élaborer ces équations. Donc l'art n'est pas le seul médium créatif, sauf à considérer les mathématiques comme de l'art, ce qu'ils sont peut-être à un certain niveau.

Mais en fait, toutes les activités sont concernées. Il y a bien des chemins, tous différents, pour manifester sa joie dans le monde, pour exprimer ses talents et pour libérer sa créativité. Quand nous contactons ce moteur-là de nous-mêmes, nous nous reconnectons à une énergie puissante, source de motivation et de vie.

Réveiller l'enfant libre en nous

Éric Berne, le fondateur d'une approche psychologique et thérapeutique appelée l'Analyse Transactionnelle, plaçait cette énergie dans une dimension de nous-mêmes qu'il appelait l'Enfant Libre. L'expression est belle et évocatrice. La créativité puise dans notre Enfant Libre qui est comme une source inépuisable de plaisir du jeu et d'expression de soi. Nous avons toutes et tous en nous cette source de vie, mais nous avons pu la brider par souci de conformité, ou parce que nous avions le sentiment de « ne pas savoir assez bien », ou parce que cela n'était pas considéré comme sérieux.

L'entrée dans l'ère de la conscience nous invite au contraire à revivifier ce creuset d'énergie libre en nous et à y puiser sans limite. Là se trouve l'énergie vitale de tous les possibles et la liberté d'être pleinement soi.

Lorsque nous libérons notre créativité en puisant dans cette énergie, nous faisons sauter les carcans inutiles qui nous enserrent, qu'ils soient intellectuels, émotionnels ou sociaux. Bien sûr, cela ne les déverrouillera peut-être pas complètement dans l'instant, mais cela pourra les assouplir progressivement. Et nous, nous nous offrirons le cadeau d'être libres et de nous en réjouir.

La créativité à tous les étages de la société

Ce besoin de créativité s'exprime aujourd'hui dans tous les domaines de la vie, qu'ils soient personnels ou professionnels. Aujourd'hui, nous n'avons pas besoin d'idées clonées et répétées, mais d'audace à tous les niveaux de la société pour libérer nos richesses intérieures et inventer de nouvelles manières de « vivre ensemble ».

C'est ainsi qu'un des enjeux du passage d'une ère à une autre est le remplacement progressif du moteur d'apprentissage basé sur la souffrance (« il faut souffrir pour être heureux », « la vie est dure », « je ne suis pas capable ») par le moteur de la joie afin d'offrir le meilleur de nous-mêmes au monde. Il y a là un changement radical de paradigme : passer de la souffrance, voire du sacrifice, à la joie et au plaisir de vivre, d'inventer et de créer.

C'est l'idée que transmettait avec l'énergie contagieuse qui est la sienne la psychopédagogue et thérapeute Marie-Pierre Lescure lors des rencontres *Conscience et Citoyenneté* en 2021 : « *Je le dis aux enfants : vous êtes des génies, vous êtes des génies en puissance. Simplement, vous n'en avez pas conscience. Je parle des enfants, c'est la même chose pour les adultes. Il est important de se rebrancher à ce qu'on a en nous de formidable et qui a juste besoin d'être réactivé. »*[19]

Osons notre créativité et réjouissons-nous de ce que nous créons !

Et vous ? À la porte Libérer sa créativité : une clé pour entrer dans la nouvelle ère *que ressentez-vous, que pensez-vous, que diriez-vous à ce sujet, qu'auriez-vous envie d'explorer, de créer peut-être, de libérer ? Que vous disent vos envies, votre intuition, votre petite voix intérieure, votre enfant libre lové en vous ? De quoi a-t-il le plus envie ? Avez-vous l'habitude de l'écouter ? Allez-vous l'écouter davantage ?*

---

[19] Source : intervention de Marie-Pierre Lescure lors des *Rencontres Conscience et Citoyenneté*, psychopédagogue et thérapeute, co-fondatrice de Educ'AT, une association qui contribue à une éducation à la paix.

Chapitre 6

La dimension invisible des collectifs

> **Témoignage**
>
> « En séminaire, nous prenons le temps de permettre à chacun d'avancer individuellement sur son chemin d'intériorité. Ce cheminement est personnel, mais c'est aussi un travail qui se fait grâce au groupe.
>
> Le groupe devient une matrice, un creuset où chacun va pouvoir apprécier son propre avancement grâce à l'accueil et au regard sans jugement des autres, et grandir grâce aux autres à travers les questions qui vont se poser, les échanges, les partages, les désaccords, les émotions, les intuitions.
>
> Ce creuset n'est pas seulement un creuset physique, mental, intellectuel et émotionnel. C'est aussi un creuset sensitif et sensible où chacun va pouvoir exister pleinement en tant qu'être. Le fait de poser l'existence de cette possibilité, à savoir *exister dans un collectif, dans toutes les dimensions de son être,* permet d'échanger aussi sur ces plans-là, ceux de la complétude intégrant l'invisible et le subtil.
>
> Pour nous, ces plans de réalité sont des plans très réels. Certains les associeront à des égrégores ou à des champs

morphiques peut-être. Quels que soient les noms qu'on leur donne, ce sont des énergies, des vibrations, des correspondances subtiles qui existent en nous et entre nous, et grâce auxquelles nous allons avoir accès à des informations, des sensations, des intuitions, des autorisations nouvelles.

Plus le groupe se construit dans le temps, plus ce qui nous relie dans l'invisible se tisse et fait sens. C'est comme si nous donnions naissance à un nouveau champ de vie du collectif, c'est comme un escalier grâce auquel nous nous élevons individuellement et collectivement. Ainsi, en séminaire, nous travaillons à la fois sur la dimension de l'être qui s'ouvre à lui-même et, dans le même temps, sur l'énergie collective qui encourage et permet cette ouverture.

Plus nous serons sensibilisés individuellement et collectivement à ces dimensions de nos vies (et on peut très bien imaginer être y sensibilisés dès l'école), alors plus nous nous autoriserons à ouvrir ensemble le champ de l'imagination collective et de l'intuition, que ce soit au travail ou dans la société en général, tout en étant pleinement nous-mêmes et bien ancrés. Nous nous libèrerons ensemble de nos croyances obsolètes et nous définirons d'autres repères de vie et d'action.

Bien sûr, privilégier cet état d'esprit n'est pas magique. Il y aura toujours des blocages possibles dans nos dimensions intellectuelles, physiques, émotionnelles et relationnelles, des difficultés à résoudre sur ces plans-là, des nœuds à dénouer. C'est inévitable et souhaitable, car toutes les parts de nous-mêmes doivent avancer de concert, nous sommes là pour apprendre à les harmoniser. Mais, ce qui est certain, c'est

> qu'en faisant cela, nous élargissons considérablement l'espace de notre réalité et des possibles. Nous ne sommes plus enfermés dans des boîtes et des cadres étroits. Plus nous apprendrons à fonctionner ainsi, à l'écoute du sensible et de l'invisible, alors plus la perception holistique que nous avons de nous-mêmes et de la réalité deviendra naturelle.
>
> Notre proposition, dans notre pratique en général et dans ce livre en particulier, est ainsi une proposition d'intégration. Il ne s'agit pas de nier les autres dimensions, mais bien d'intégrer cette dimension supplémentaire (celle du sensible, invisible, subtil, holistique, éthérique) dans notre expérience individuelle et aussi collective sur la Terre. Et de grandir grâce à cela à nous-mêmes, en verticalité. Tous les groupes, toutes les équipes, peuvent faire cela. » Ivan et Laurence

Rappelons-le, ce livre a l'ambition d'éclairer des portes. Des portes que nos lecteurs connaissaient peut-être déjà pour les avoir franchies dans le passé, ou de nouvelles portes sur lesquelles ils ne s'étaient pas encore arrêtés ni interrogés.

Les cinq premiers chapitres de ce livre se rapportaient à des passages individuels qui invitaient au travail sur soi et à l'introspection. Mais l'entrée dans la nouvelle ère de la conscience n'est pas qu'une aventure individuelle, elle est aussi collective. Comme le soulignait Raphaël Souchier, spécialiste en économie locale durable et en intelligence collective lors d'une webconférence *Réussir le passage*, en 2020, « *notre conscience agit en permanence sur la matière, et notre inconscience agit elle aussi, en négatif. Les problèmes que nous avons, nous êtres humains, sont des problèmes que nous avons générés. Tant que nous ne nous regarderons pas fonctionner, rien ne changera vraiment. Il est important que nous commencions à questionner notre action autrement, plus seulement horizontalement de manière technico-politique, mais aussi verticalement, c'est-à-dire en faisant descendre dans la matière un autre regard sur nous-mêmes.* »[20]

Ce sixième chapitre ouvre sur cet autre regard dont parle Raphaël Souchier, celui que les collectifs portent sur eux-mêmes. La manière dont nous l'abordons nous-mêmes va nous conduire à évoquer une notion clé de l'ère de la conscience, à savoir l'*éther*.

Les champs d'énergie subtile

Lorsque des personnes se réunissent, elles vont établir entre elles des interactions physiques, émotionnelles, intellectuelles et relationnelles. Nous le savons et nous le vivons au quotidien. Ce qui est moins reconnu, c'est que nous allons également établir entre nous des interactions énergétiques, subtiles et invisibles. Chacun de nous est un champ d'énergie et d'informations qui va entrer en relation avec les champs d'énergie des autres. Et la rencontre de nos champs d'énergie

---

[20] Raphaël Souchier, reconnu internationalement pour ses compétences en économie locale durable et en intelligence collective, mais aussi pour sa gentillesse de cœur, avait ouvert le cycle des webconférences *Réussir le passage* en décembre 2020. Il nous a quittés en 2021, nous laissant son ouvrage *Made in local* (Eyrolles, première édition 2013).

individuels va produire un champ énergétique collectif au sein duquel des informations pourront être échangées.[21]

L'expérience souvent citée, et qui permet d'illustrer cette idée, s'est déroulée au Japon. Elle a donné naissance à la théorie dite du 100ème singe. L'histoire se passe donc sur une ile japonaise sur laquelle vivent des singes observés par des scientifiques. Un jour, une femelle singe, appelée Imo, va passer une patate sous l'eau douce d'un ruisseau avant d'en faire son repas. Elle va renouveler l'expérience le repas suivant, car sa nourriture doit lui sembler meilleure ainsi. Elle est seule au début à s'adonner à cette nouvelle pratique, les autres singes se contentent de patates recouvertes de sable. Mais quelques singes vont commencer à l'imiter, les plus jeunes d'abord. À partir du moment où le 100ème singe va se mettre lui aussi à laver sa patate, tous les singes de l'ile, ou presque, vont quasi instantanément adopter ce comportement. Une contagion vient de se produire sans apprentissage préalable. Plus curieux, les singes des îles voisines vont se mettre eux aussi à laver leurs patates, alors qu'ils n'avaient eu aucun contact avec les premiers. Par où sont passées les informations qui ont induit

---

[21] Cette idée, que nous évoquons ici de manière simplifiée, n'est pas éloignée des notions de *résonance morphique* et de *champ morphique* (un champ constitué uniquement d'énergie et d'information, sans aucune matière) développées par le biologiste Rupert Sheldrake. Elle se rapproche également de la notion d'*égrégores* (des champs d'énergie créés collectivement par nos pensées, nos projections, nos émotions et nos intentions), un concept que l'on retrouve dans les Traditions et courants spirituels.

ce changement de comportement ? Par un champ invisible d'énergie et d'information.

C'est un fait. Il existe des champs d'énergie subtile que nous ne percevons pas avec nos sens ordinaires. Ils se traduiront dans la réalité physique par plus ou moins de stress, de motivation, d'adhésion, d'énergie. Ces champs vont nous influencer à notre insu lorsque nous n'en sommes pas conscients, mais il est aussi possible de travailler « avec eux » et de progresser grâce à eux si on en prend conscience.

« Travailler consciemment avec les champs d'énergie » signifie être attentif aux variations, vibrations et évolutions énergétiques du groupe, puis s'entrainer à les percevoir et à les partager. La perception des énergies subtiles nous indique ce qui est en train de se passer dans le groupe. C'est un outil de pilotage, certes immatériel, que bien sûr nous ne pourrons utiliser que si nous-mêmes avons ouvert nos capteurs sur le sensible, et si le groupe en fait un point d'attention partagé.

À propos de l'intelligence collective

Pour mieux comprendre comment travailler consciemment et collectivement avec les champs d'énergie, commençons par un petit retour en arrière.

Depuis une quinzaine d'années, que ce soit dans les entreprises, les associations ou les mouvements citoyens, les collectifs ont pris l'habitude d'utiliser un certain nombre de pratiques qu'on regroupe sous l'appellation « intelligence collective ». Ces pratiques permettent d'accroitre l'efficacité collective dans la reconnaissance des apports de chacun et dans le respect des différences qui deviennent une richesse. Il s'agit généralement d'un mix entre des pratiques relationnelles, d'écoute, de partage, de brainstorming ou encore de vision collective partagée. Il existe une boîte à outils très fournie que les consultants, les facilitateurs, certains pédagogues et certains managers connaissent bien.

Ces outils permettent de sensibiliser les collectifs aux dimensions relationnelles et émotionnelles des groupes humains. Ils favorisent l'ouverture des imaginaires et contribuent à développer la créativité individuelle et collective. On y trouve aussi des outils de partage du pouvoir et de partage des prises de décision, autant de méthodes qui s'efforcent de changer les structures de gouvernance pour passer des pyramides (trop souvent « de pouvoir » et toujours inhibantes) aux réseaux et aux cercles (plus fluides et plus démocratiques, mais aussi plus responsabilisants). Ces pratiques d'intelligence collective sont aujourd'hui connues et répandues dans les organisations. Ce n'était pas le cas il y a 20 ans[22]. C'est un progrès considérable en matière de dynamique humaine, même si les logiques pyramidales sont encore très présentes et dominantes dans nos organisations humaines.

---

[22] Vous trouvez de nombreux ouvrages sur l'intelligence collective en librairie. On peut noter que cette pratique s'ouvre peu à peu à l'intelligence intuitive et spirituelle. Sur ce dernier thème, nous renvoyons les lecteurs intéressés au livre *Et si je libérais mon intelligence intuitive et spirituelle ?* de Valérie Seguin en collaboration avec Laurence Baranski (Eyrolles, 2023).

Oser le cinquième élément : l'éther

Notre entrée dans l'ère de la conscience nous invite à présent à aller plus loin et à nous saisir collectivement de l'invisible. Qu'est-ce que cela signifie concrètement ? Pour répondre à cette question, retournons plus loin encore dans le passé, jusqu'aux sources, celles de la pensée antique de Pythagore, Platon ou encore Aristote.

Selon Aristote, par exemple, notre réalité matérielle est façonnée par les quatre éléments que sont la terre, l'eau, l'air et le feu. Ces éléments vont se combiner entre eux et apporter des propriétés particulières à tout ce qui existe dans le monde et l'Univers. S'agissant des groupes humains :

- lorsque l'élément *terre* prédomine dans les collectifs, ces derniers se concentrent sur leur structuration et leur organisation (c'est la dimension *organisation* des collectifs) ;
- lorsque l'élément *eau* prédomine, les collectifs se soucient avant tout des relations humaines et de l'ambiance (c'est la dimension *relation* des collectifs) ;
- lorsque l'élément *air* prédomine, les collectifs se focalisent sur les pensées, la vision et les valeurs (c'est la dimension *réflexion* des collectifs) ;
- lorsque le *feu* prédomine, les collectifs sont orientés vers le mouvement, le faire, l'agir (c'est la dimension *action* des collectifs).

On comprend que la bonne alchimie collective est celle qui combinera un peu de chacun de ces éléments au risque sinon de se mettre à agir de façon désordonnée et inefficace, ou de passer son temps à faire la sieste dans les concepts, ou encore de se soucier des états d'âme au point d'en oublier la raison d'être du collectif et la finalité du « faire ensemble ». Un des objectifs de l'intelligence collective, dont nous venons de parler, est d'ailleurs d'activer cette alchimie et cette complémentarité.

Mais Aristote, tout comme son contemporain Platon dont il était le disciple, et avant eux Pythagore, ne se limitait pas à ces quatre éléments. Le philosophe grec posait l'existence d'un cinquième élément, qu'il citait d'ailleurs en premier : l'éther. Il s'agissait pour lui d'une matière subtile, invisible, qui n'était aucun des quatre éléments précédents mais « autre », imperceptible à nos sens ordinaires et dotée de caractéristiques propres.

Quelques siècles plus tard, le mathématicien René Descartes évoquera lui aussi l'éther. Plus tard encore, Albert Einstein refusera d'en reconnaître l'existence, non sans avoir néanmoins fortement hésité.

Des scientifiques sont aujourd'hui en train de réhabiliter l'éther. Certains affirment même que le fait de ne pas l'avoir pris en compte dans les équations et démonstrations scientifiques contemporaines rend ces dernières totalement caduques[23]. Le 21ème siècle marquera-t-il le retour et la reconnaissance officielle de l'éther ? C'est bien possible.

---

[23] Notamment Frank Wilczek, prix Nobel de Physique en 2004, cité par le chercheur Nassim Haramein, qui proposait, lors d'une conférence sur la

L'éther est en fait un flux, une énergie, un souffle vital. C'est le Prana des Hindous, le Qi dans les cultures asiatique, le Mana des Polynésiens, un mot qui signifie « force sacrée ». L'éther est en lien avec l'énergie quantique des scientifiques d'aujourd'hui. Le percevoir et le prendre en compte rend possible une connexion plus large et plus vaste à la vie, au subtil, au ressenti et à l'expérience directe, en un mot à notre conscience. Ici, dans le champ de l'éther, notre conscience s'élargit.

Les bénéfices de l'élargissement de conscience dans les collectifs

Quels bénéfices un collectif retirera-t-il s'il élargit sa conscience collective jusqu'à accéder au champ de l'éther ?

Il se reliera à une réalité plus profonde et plus fine qui dépasse les seuls plans d'action, les relations, l'organisation et les pensées. Il prendra plus fortement conscience de sa mission essentielle. Il réactivera les raisons pour lesquelles il existe et pour lesquelles il continue de se développer et souhaite continuer à se développer. Il se prémunira autant que possible des guerres d'égos. Il restera en contact avec ses intentions premières et sa raison d'être véritable.

Arrêtons-nous un instant sur cette dernière notion. La raison d'être est une notion à la mode. Elle a été institutionnalisée en France en 2019. Depuis cette date, les entreprises ont la

---

matérialité du vide en 2017, de nous comprendre et de nous percevoir comme « *des enfants de l'éther* ».

possibilité d'inscrire leur raison d'être dans leurs statuts, signifiant ainsi que « *leur but n'est pas seulement le profit financier, mais aussi l'évolution de la société et de l'humanité* ». Telle est la définition donnée par les textes officiels

En fait, c'est au niveau du cinquième élément qu'est l'éther que se situe véritablement la raison d'être de tout collectif. C'est à ce niveau-là que nous pouvons passer de la simple « vision partagée », qui reste dans le champ de nos sens communs, à une « conscience partagée » de qui nous sommes et de ce que nous voulons véritablement, profondément et authentiquement, faire ensemble. C'est à ce niveau-là que notre plein potentiel pourra se libérer, et que le sens du travail en collectif, même si c'est autour d'activités extrêmement simples, sera générateur d'une joie réelle et d'une attention partagée à l'Amour, la Beauté et la Sagesse, tout en étant néanmoins efficace sur un plan plus matériel.

Lorsque cette porte vers le cinquième élément est ouverte, et si le collectif, par la qualité de présence de ses membres (présence à soi-même, présence aux autres, présence à l'environnement) veille à la laisser ouverte, cela permet aux personnes qui constituent ce collectif, ou qui souhaitent le rejoindre, d'avoir la possibilité de s'exprimer dans toutes leurs dimensions. Cela les autorise, par exemple, à faire confiance à leur intuition et aux synchronicités, et à oser les intégrer au quotidien dans les échanges et les actions. Les talents et les singularités se libèrent et coopèrent de manière plus fluide.

Intégrer l'éther dans le champ social

Lorsque nous nous situons collectivement au niveau éthérique, l'invisible devient donc constitutif de l'espace social, au même titre que le visible. Il devient partie prenante de notre réalité collective. On peut en parler naturellement. Nous n'échangeons plus seulement sur les registres physique, relationnel, émotionnel ou mental, mais aussi sur celui de l'intuition, de la créativité, du subtil.

En accédant à cette dimension dans l'espace collectif et social, et non plus seulement dans le cadre de sa vie privée ou dans des cercles spécialisées (autour d'enseignements spirituels par exemple), nous nous autorisons à ressentir des vibrations et des intuitions qui ont toujours été présentes mais que nous avions occultées. C'est comme si on invitait parmi nous, dans nos activités et dans la vie sociale, une présence vibratoire qui n'est autre que l'interaction entre nos propres présences vibratoires individuelles. Un champ nouveau de réalité s'ouvre. Rappelons-le, cette présence n'existera que si nous le souhaitons et si nous l'entretenons par notre attention et nos intentions, tout comme le pont d'Indiana Jones.

Bien sûr, une telle approche du fonctionnement des collectifs ne règlera pas, là encore, tous les problèmes. Des tensions relationnelles, des problèmes d'organisation ou des divergences d'opinion pourront survenir comme dans tout groupe humain. Mais parce que nous nous ouvrirons au champ élargi de la conscience, et donc à l'écoute et l'accueil, nous aurons davantage la capacité de réguler ces problèmes.

Ce champ énergétique subtil pourra également être ressenti par d'autres et rayonner au-delà du collectif en question, auprès des partenaires ou des clients. On pourra le ressentir à travers une ambiance en entrant dans une pièce. La qualité d'être et de présence se perçoivent inconsciemment. Et si nos capteurs sensitifs sont ouverts, elles nous donnent accès, individuellement et collectivement, à une réalité plus douce et plus fertile.

C'est en conscientisant l'existence de tels champs d'énergie dans nos espaces collectifs et nos pratiques sociales que nous allons pouvoir faire émerger une autre civilisation, basée sur l'accueil de ce qui est, sur la coopération et sur l'ouverture du cœur. Toutes celles et tous ceux qui cheminent ainsi, dans la conscience d'eux-mêmes, centrés et alignés sur l'essentiel et en quête d'un élargissement de conscience, l'expérimentent déjà.

Ainsi, le passage d'un monde à un autre, d'une civilisation à une autre, d'une ère à une autre, ne se fera pas seulement grâce à nos transformations et élévations personnelles, certes essentielles. Il se fera aussi grâce à des collectifs conscients. Ceux-ci sont le creuset indispensable où nous pouvons tester notre capacité à être pleinement en relation avec les autres. Ils nous permettent d'expérimenter la cohérence de notre propre transformation personnelle, c'est-à-dire de notre propre congruence entre le « dire », l'« être » et le « faire ». Ils sont plus largement un puissant vecteur d'apprentissage et d'accélération.

Quelques pratiques simples

Pour terminer ce chapitre, voici quelques pratiques de base très simples que vous pourrez expérimenter facilement, en réunions au sein d'associations, mais aussi en Comité de direction d'entreprise ou même en Conseil des ministres.

- Un temps de centrage sur soi, guidé par l'un des participants en ouverture de réunion, afin que chacun « entre » dans la réunion en étant apaisé, dans toutes ses dimensions, présent et conscient que les échanges vont s'effectuer sur différents plans, visibles et invisibles.
- Un temps de centrage sur soi guidé, en fin de réunion, afin de « quitter » la réunion en étant pleinement serein, et d'apaiser s'il y a lieu les éventuelles tensions qui seraient survenues pendant la réunion.
- La possibilité reconnue à tout participant de demander un temps de silence, de centrage ou d'apaisement collectif en cours de réunion si les énergies s'emballent, emportées par le mental ou les émotions.
- Une vigilance de la part de chaque participant quant à la nécessité de prendre, par moment, le temps de revenir à soi (par un temps de silence, une respiration profonde) si on sent qu'on se laisse emporter par son mental ou ses émotions.
- L'utilisation d'un bâton de parole pour réguler les egos trop, ou pas assez, présents.

- La déconnexion totale ou partielle des outils digitaux connectés.[24]

Ces pratiques sont simples. Réellement mises en œuvre, en conscience, elles deviennent puissamment transformatrices et régulatrices de nos champs d'énergie. Elles nous responsabilisent sur tous les plans. Elles rendent nos décisions et nos actions plus cohérentes avec notre raison d'être ensemble.

Et vous ? À la porte de La dimension invisible des collectifs, *qu'en pensez-vous, que vous dites-vous ? Quelle place laissez-vous aux champs d'énergie au sein des collectifs auxquels vous participez ? Qu'auriez-vous envie d'explorer, peut-être de proposer dans ce domaine ? Que vous disent vos envies, votre intuition, votre voix intérieure ?*

---

[24] Sur ce sujet, nous renvoyons là encore le lecteur à l'ouvrage *Les nouveaux collectifs citoyens : pratiques et perspectives* d'Ivan Maltcheff (Éd. Yves Michel, 2011).

Chapitre 7
Régénérer et déployer l'énergie de la transformation

> **Témoignage**
>
> « L'idée que l'ouverture du cœur était la véritable clé du changement m'est venue assez tôt, enfant il me semble.
>
> Plus tard, je me suis autorisée à exprimer cette idée dans ma vie professionnelle, progressivement, auprès des dirigeants que j'accompagnais, au sein des associations que j'animais, ou dans mes livres. Mais ça n'a pas été facile. D'abord parce que la société ne le permettait pas. Longtemps, il a été plus sérieux de parler de la guerre que de l'amour. Dès qu'on parlait de cœur et d'amour, pas dans des chansons ou de la poésie, mais dans le champ entrepreneurial, social et politique, et plus encore dans le monde des intellectuels, donc dès qu'on parlait de cœur et d'amour, on passait pour une personne déconnectée, perchée, un peu bête ou idéaliste. Il fallait s'excuser en disant par exemple : *Je ne vaudrais pas paraître bisounours, mais est-ce que...* Et je m'autocensurais.
>
> Vraiment, les temps changent et ça fait du bien ! Nous sommes de plus en plus nombreux à parler de la puissance du cœur et de l'amour dans tous les domaines de la société et dans toutes

> nos activités. Nos cœurs s'ouvrent, c'est certain, et quelque chose dans cette aventure nous dépasse. Mais c'est quelque chose d'heureux et de libérateur. Nous libérons l'énergie de nos cœurs. » Laurence

Nous pouvons parfois avoir l'impression que notre horion individuel et collectif est bouché, que rien ne changera, que l'émergence d'une nouvelle ère plus douce et plus responsable n'est qu'une utopie, une illusion. « *Sommes-nous dans une impasse ? s'interroge ainsi l'éco-journaliste Christine Kristof-Lardet. Comment passer des intuitions à une nouvelle réalité ? Une chose est sûre : nous avons les clés. Mais où sont les portes ? Je propose,* ajoute-t-elle, *de les chercher du côté de la connexion sensible et spirituelle à soi et à la Nature, dans une vision intégrale du Vivant, dans une relation approfondie à l'invisible et au divin.* »[25]

Nous l'avons dit, c'est une de nos convictions, la transformation collective souhaitée vers plus de sagesse et de respect du vivant, ne pourra partir que de notre être profond et de notre essentiel. C'est donc à nous d'ouvrir la porte à cet essentiel et de le porter dans le monde, personne ne le fera à notre place. Pour nous y aider, nous proposons dans ce chapitre d'évoquer un certain nombre de questions à se poser pour mettre en lumière cet essentiel, cette énergie nouvelle qui a toujours été là mais que, embourbés dans trop de rationalité et

---

[25] Source : webconférence *Réussir le passage* de Christine Kristof-Lardet en 2021.

de matérialisme, nous n'utilisions pas. Ces questions, que chacun pourra compléter, viennent réinterroger nos croyances (c'est-à-dire nos filtres qui conditionnent notre perception du réel) et nos pratiques. Elles nous invitent à aller chercher au plus profond de nous de ce que nous souhaitons vraiment. Mises en débat au sein des collectifs, elles nous aident à créer le socle sur lequel nous pourrons prendre appui pour réinventer ensemble le futur. Nous les regroupons en quatre axes :

- nos croyances sur la vie ;
- nos croyances sur l'humain ;
- nos pratiques au service de la dynamique « je-nous » ;
- et enfin l'ouverture du cœur.

Nous n'abordons ci-après que quelques-unes de ces questions. Un schéma plus complet de l'énergie de la transformation, et des questions associées, est inséré à la fin du chapitre.[26]

Réinterroger nos croyances sur la vie

« *La politique* (au sens de la gestion de la Cité) *ne fait que traduire en actes ce en quoi nous croyons* » disait le penseur de l'écologie politique Armand Petitjean, qui ajoutait : « *Le*

---

[26] L'approche proposée dans ce chapitre est plus largement développée dans l'ouvrage *Oser l'invisible. Aux véritables sources de la performance durable* (Laurence Baranski, Chronique sociale, 2020), une approche qui est en résonance avec les travaux de l'éco-psychologue Johana Macy, fondatrice du *Travail qui relie*, une écologie profonde pour se connecter à la Nature et à sa propre nature. En France, nous renvoyons sur le thème du *Travail qui relie* aux travaux et séminaires de Christine Kristof-Lardet, fondatrice de l'association AnimaTerra.

plus difficile est de savoir en quoi nous croyons vraiment. »[27]
Que croyons-nous ? Que croyez-vous ?

Le premier axe de questions, qui vont permettre à une nouvelle énergie de la transformation de naitre et de se déployer, concerne nos croyances sur la vie, sur notre rapport à ce qui est extérieur à nous, en premier lieu l'environnement. Elles nous renvoient à nos repères extérieurs, au cap que nous voulons prendre et, en conséquence, à nos choix politiques.

- Sommes-nous supérieurs à la Nature qui est à notre service, ou en sommes-nous issus, locataires, et à ce titre co-responsables de ses équilibres ?
- Choisissons-nous la compétition et la loi du plus fort, ou la coopération et l'entraide ?

La manière dont nous allons répondre à ces questions vont générer des politiques totalement différentes dans tous les domaines de la vie, de l'éducation à la santé, de la consommation à la finance. Le texte *Douceur et politique* qui concluait le deuxième chapitre de ce livre, tout comme nos convictions d'auteurs, reposent clairement sur le choix en faveur de la co-responsabilité et la coopération. Plus nous serons nombreux à affirmer ces préférences (si tant est qu'elles vous correspondent aussi), plus nous orienterons la transformation vers un modèle de co-responsabilité et de coopération généralisées, et ceci dans une affirmation paisible, y compris dans les gestes simples du quotidien. Il est néan-

---

[27] À l'occasion d'une discussion avec Laurence Baranski dans les Cévennes où habitait Armand Petitjean, au début des années 2000.

moins frappant de constater à quel point la croyance en notre supériorité vis-à-vis de la Nature reste prégnante. Le débat est vital.

Revisiter nos croyances sur l'humain

« Toute pensée politique repose sur une vision anthropologique. Quelle vision avons-nous de nous-mêmes ? » questionnait il y a quelque temps le psychologue Jacques Lecomte, expert dans le domaine de la psychologie positive.[28]

Le deuxième axe de questions permettant de libérer et d'orienter l'énergie de la transformation se rapporte à nos croyances relatives à ce que nous sommes en tant qu'êtres humains. Ces questions nous font entrer dans l'espace de l'anthropologie et de l'ontologie, c'est-à-dire de l'essence de l'être. Plus précisément :

- Qui sommes-nous ?
- Qu'est-ce que la conscience ? En avons-nous une vision matérialiste (la conscience est localisée dans le cerveau) ou post-matérialiste (la conscience existait avant notre naissance et existera après) ?
- Quelle place souhaitons-nous laisser à l'exploration de notre conscience, et donc à la connaissance de soi, dans notre vie ?

---

[28] À l'occasion du colloque *Nouveaux pouvoirs, nouveaux leaders* en 2017, un événement imaginé et coorganisé par le thérapeute gestaltiste Jean-Philippe Magnen.

Il est clair, là encore, que les décisions et les politiques concrètement mises en œuvre seront radicalement différentes si nous avons une vision matérialiste de la vie (avec le mental et la matière au premier plan), ou post-matérialiste (en considérant le caractère premier de la conscience et des énergies subtiles environnantes). La santé et l'éducation, notamment, seront totalement différentes en fonction des croyances qui nous animent.

Revitaliser les dynamiques Je-Nous

Le troisième axe de questions se rapporte à la conscience que nous avons de notre impact individuel sur les collectifs auxquels nous appartenons, que cet impact soit lié à nos prises de parole ou à nos silences, à nos actes ou non-actes, à nos comportements et bien sûr à notre état d'être qui pourront influencer, dans un sens ou dans un autre, la dynamique collective.

En d'autres termes, si nous voulons que les choses bougent, commençons par bouger nous-mêmes puisque, nous le savons, notre transformation personnelle impacte la transformation collective et réciproquement. Un exemple tout simple : si je souris, je vais donner envie aux autres de sourire ou tout au moins je vais générer une ambiance positive. L'inverse est également vrai. Autrement dit, plus je rayonne du positif, plus je nourris positivement le collectif. Comment chacun de nous se saisit-il de cette dynamique et de cette responsabilité ? Plus précisément :

- Veillons-nous à traiter en nous-mêmes nos tensions plutôt que de les exporter à l'extérieur de nous ?
- Quelle place donnons-nous à l'être et à la conscience dans nos collectifs ?

Ces questions nous invitent autant à l'introspection qu'à revisiter nos pratiques collectives. Il s'agit de s'autoriser à être nous-mêmes dans les groupes, mais dans le plein respect des autres. Ces questions ouvrent sur tout un espace de reprise de notre souveraineté individuelle, dans la recherche simultanée de notre cohérence collective. On ne peut pas faire ce travail seul, il se fait « ensemble ». Et cela commence par en débattre.

Ouvrir nos cœurs

Enfin, le quatrième axe vient nous questionner sur ce qui est l'essentiel pour nous, sur ce qui est le moteur de nos vies. Quel est-il pour vous ? Nous proposons quant à nous l'amour.

L'amour est ce que nous cherchons toutes et tous. Il est énergie, reliance, conscience et mouvement vers la sensation d'unité et d'équilibre. Sommes-nous prêts à construire une civilisation d'amour ? Plus précisément, à nouveau :

- L'amour est-il pour nous un simple mot ou une véritable énergie ?
- Quelle place lui laisser dans nos collectifs ? Comment en parler ? Comment le libérer ?

Ces questions ouvrent l'espace du cœur. Sommes-nous prêts à laisser nos cœurs parler ? Et si « oui », y parviendrons-nous collectivement jusqu'à ce que l'énergie de nos cœurs viennent fertiliser nos pensées, nos raisonnements, nos discours, nos politiques, leurs déclinaisons, toutes nos actions. C'est le chemin proposé, certains y sont déjà engagés. Chaque collectif, quelles que soient sa taille et sa raison d'être, peut, sur ces quatre axes que sont la vie, l'humain, la dynamique Je-Nous et le cœur, se poser ces questions, créer des débats et des espaces de partage. Les réponses qui en découleront constitueront le socle à partir duquel nous pourrons ensemble créer, activer et déployer une nouvelle énergie de la transformation. En fonction de ces réponses et de l'élan que nous prendrons, nous partirons dans une direction... ou une autre.[29]

Et vous ? À la porte Régénérer et déployer l'énergie de la transformation, *que pensez-vous, que diriez-vous, qu'auriez-vous envie d'explorer, peut-être de proposer ? Pensez-vous opportun de requestionner dans vos collectifs votre perception de ce qu'est la vie, un être humain, la dynamique Je-Nous et la place que vous souhaitez donner à l'énergie du cœur ? Comment ?*

---

[29] Un autre éclairage sur l'énergie de la transformation, complémentaire, axé sur nos croyances, est proposé par Ivan Maltcheff dans l'article *Systèmes de croyances et récits de temps de crise : un dialogue impossible ?* écrit en 2021 suite à la crise sanitaire. Cet article est disponible sur le site web Pressenza, agence de presse internationale dédiée à la paix et la non-violence.

Régénérer et déployer l'énergie de la transformation : quelques questions à mettre en débat

- Désirons-nous avancer vers plus de **simplicité relationnelle** ?
- À l'avenir, quelle place souhaitons-nous laisser à l'expression du **sensible** en nous ?
- Quelle place pour l'expression de nos **rêves** et de nos **joies**, mais aussi de nos **peurs** et de nos **fragilités** ?
- L'**amour** est-il pour nous un simple mot, ou une véritable **énergie** ?
- Quelle place souhaitons-nous laisser au **cœur** ?
- Comment en parler ? Comment le **libérer** ? Quelle place lui laisser ?

- Veillons-nous à traiter en nous-mêmes nos **tensions** plutôt que de les exporter à l'extérieur de nous ?
- Veillons-nous à créer autour de nous les conditions de la **joie**, de l'**attention à soi** et à l'autre et de la **confiance** ?
- Quelle place donnons-nous à l'**être** et à la **conscience** dans nos collectifs ?
- Comment veillons-nous à **rester connectés** à notre **essentiel**, individuellement et collectivement ?
- Quelles **pratiques nouvelles** mettons-nous en œuvre pour cela ?

LE CŒUR
Nos collectifs, comme la société, sont le reflet de ce que nous en faisons. Que souhaitons-nous en faire ? Et surtout avec quels ingrédients ?

LA DYNAMIQUE JE-NOUS
Notre transformation personnelle impacte la transformation collective, et réciproquement. Comment nous saisissons-nous de cette dynamique ?

Ouvrir nos CŒURS

Revitaliser les dynamiques JE-NOUS

L'énergie de la transformation

Réinterroger nos croyances sur la VIE

Revisiter nos croyances sur l'HUMAIN

LA VIE
La politique ne fait que traduire en actes ce en quoi nous croyons vraiment. Que croyons-nous vraiment?

L'HUMAIN
Toute pensée politique repose sur une vision de ce qu'est l'être humain. Quelle vision avons-nous de nous-mêmes? Qui sommes-nous?

- Sommes-nous **supérieurs** à la nature qui est à notre service, ou en sommes-nous issus, locataires, et à ce titre **co-responsables** de ses équilibres ?
- Sommes-nous **indépendants** les uns des autres, dissociés, ou sommes-nous toutes et tous **interdépendants**, reliés à tout ce qui vit, dans nos dimensions visibles comme invisibles ?
- Choisissons-nous la **compétition** et la loi du plus fort, ou la coopération et l'**entraide** ?
- Qu'est-ce que la **vie** ? Quel en est le **sens** pour nous ? Quel sens voulons-nous lui donner?

- Qu'est-ce que la **conscience** ?
- Sommes-nous **un corps qui a produit une conscience** (vision matérialiste), ou **une conscience incarnée dans un corps** (vision post-matérialiste) ?
- Qu'est-ce que la **naissance** ?
- Qu'est-ce que la **mort** ?
- Quelle importance et quelle place souhaitons-nous donner à la **connaissance que nous avons de nous-mêmes** (la quête de soi) ?

Une première version de ce schéma a été proposée dans *Oser l'invisible*. Chronique sociale, 2020.

Être et agir dans le monde, en conscience
Ce que cela change

Nous venons de passer les sept premières portes de notre voyage ouvert sur l'ère de la conscience. Nous terminons ainsi sa première étape. Nous espérons que vous l'aurez appréciée et que des idées, des questions peut-être, des éclairages ou des informations utiles seront venus jusqu'à vous.

Ces sept portes correspondent selon nous à **nos nouveaux repères dans le passage** que nous sommes invités à vivre à titre individuel comme à titre collectif.

Rappelons-les, il y a :

1. Le fait d'oser reconnaitre et ressentir les dimensions sensibles et invisibles de sa vie. Oser en parler si elles font partie de soi et de son cheminement.
2. Réveiller en soi l'Amour, la Beauté et la Sagesse et surtout les laisser rayonner depuis soi vers l'extérieur de soi.
3. Se connecter, à son rythme et selon ses envies, aux trois dimensions du temps. Nous ne sommes pas condamnés à rester enfermés dans Chronos. Kairos et Aiôn nous ouvrent leurs bras autant que nous le souhaitons.
4. Explorer notre champ de conscience et surtout ne pas hésiter à continuer d'expérimenter si cela nous met en joie.

5. Libérer notre créativité sans aucun jugement sur soi, seulement pour le plaisir de créer, et retrouver ainsi l'« énergie libre » de notre enfant intérieur que nous laissons s'exprimer pleinement et qui s'en réjouit.
6. Avoir conscience et garder à l'esprit que les champs d'énergie invisibles existent aussi au niveau des groupes et des collectifs. Apprendre ensemble à intégrer et apaiser ces énergies invisibles au sein de nos collectifs, au quotidien.
7. Déployer l'énergie de la transformation à partir de l'essentiel de notre être. Plus nous serons nombreux à faire cela, plus nous donnerons naissance à une civilisation consciente, respectueuse et connectée à la Vie. Nous ne subirons pas la métamorphose, nous l'orienterons.

Bien sûr, ce sera à chacun de nous d'entretenir ces énergies, en continu, dans un travail toujours unique et singulier d'intégration et d'alchimie personnelle, en lien avec le collectif.

Passons à présent à notre deuxième étape et regardons en quoi nous sommes, ou pouvons devenir, des activateurs quantiques.

Partie II
Être un activateur quantique

Cette deuxième partie va nous conduire au seuil de sept nouvelles portes subtiles ouvertes sur ces autres mondes auxquels nous sommes en train de donner naissance. Mais qu'est-ce qu'un activateur quantique ?

Notre définition est la suivante : **un activateur quantique est une personne qui agit à partir d'un champ d'énergie et d'information plus vaste que sa conscience ordinaire.**

Un activateur quantique sait qu'il est à la fois un être incarné sur Terre, dans un corps physique, mais qu'il est aussi un être d'énergie et d'esprit. Il sait qu'il est possible d'expanser sa conscience. Il se met à l'écoute du monde subtil qui vit en lui et autour de lui. Il écoute ses intuitions, ses ressentis, ses perceptions, les signes et les messages de l'univers, les synchronicités. Il intègre ces informations nouvelles dans sa réalité quotidienne avec discernement, simplicité et humilité. Il veille parallèlement à maintenir son alignement intérieur, à se sentir ancré et en équilibre.

L'activateur quantique apprend à toujours plus et mieux harmoniser en lui ses multiples dimensions physique, mentale, émotionnelle, spirituelle et énergétique. Il leur donne leurs justes places, ce qui passe bien sûr préalablement par reconnaitre l'existence, en lui, de ces différentes dimensions.[30]

Deux précisions avant de nous engager dans cette deuxième étape. Tout d'abord, soulignons que la structure de cette deuxième partie reprend certaines des notions abordées précé-

---

[30] Nous empruntons l'expression « activation quantique » au physicien quantique Amit Goswami, pionnier du nouveau paradigme post-matérialiste, auteur de *Comment l'activisme quantique peut sauver l'humanité* (Éditions ADA, 2013) et fondateur de Quantum Activism Vishwalayam qui porte l'ambition d'être « une institution transformatrice de l'enseignement supérieur et de la vie » qui mêle le quantique et la spiritualité.

demment, mais en les approfondissant, dans une conscience plus élargie.

Par ailleurs et surtout, lorsque nous évoquons dans cette deuxième partie, comme dans l'ensemble de ce livre, la possibilité de capter des informations en provenance des plans d'énergie subtile, précisons qu'il ne s'agit pas d'en faire un but. Il ne s'agit pas de partir à tout prix en quête de « magie ». Nous avons parfaitement conscience qu'il est essentiel de prendre du recul par rapport à ce qui pourrait s'apparenter à des « illusions de l'esprit ». Capter des informations subtiles n'est qu'une conséquence possible d'un état d'être équilibré.

L'essentiel pour nous est la recherche de son propre alignement, ainsi que la justesse et le bien-être que l'on ressent dans cette recherche. Il s'agit tout simplement d'être vivant et présent, à soi et dans ce monde.

Chapitre 1

Accueillir nos 5 dimensions d'être humain

> **Témoignage**
>
> « Je me sens souvent comme évoluant dans l'espace, tout en étant sur la Terre. C'est comme s'il y avait autour de moi une sorte de champ d'énergie, une bulle. Elle bouge avec moi en permanence. Je la transporte avec moi. Je l'appelle ma bulle spatio-temporelle. En fait, je pense que cette bulle est 'moi', avec toutes les parties de moi dont j'ai plus ou moins conscience. Elle peut contenir toutes sortes d'informations qui se présentent à moi sous forme de guidance, de connexions, d'inspiration. Lorsque je me promène, je suis toujours avec ma bulle.
>
> J'ai commencé à percevoir cette notion de bulle dans mes relations avec les autres. En fait, à un moment donné de mon parcours, j'ai pris conscience qu'à chaque fois que je rencontrais quelqu'un, il y avait immédiatement un échange d'informations subtil, inconscient mais bien réel. Je ressentais qu'il se passait quelque chose de l'ordre de l'information. Et, dans un certain nombre de cas, ce n'était pas du tout inconscient. J'étais conscient d'être en transfert d'informations sur certains

plans du champ vibratoire, je pouvais même identifier le niveau : au niveau de corps, du mental, à un niveau plus subtil, etc.

C'est comme cela que j'ai pris conscience des transferts d'informations et d'énergie, mais aussi des aspirations et des prises d'énergie. On est assis à côté d'une personne et on se sent tout d'un coup épuisé. Mais l'autre, lui, va mieux, il a repris des couleurs. Il est important de se prémunir de cette captation d'énergie qui peut se faire à notre insu et d'ailleurs sans mauvaise intention de la part de l'autre.

Dans ce cas, plutôt que de dire 'je suis fatigué', je dis 'je sais pourquoi je suis fatigué'. Je sais qu'il est de ma responsabilité, sur le plan énergétique, de refuser, par la force de mon intention, la prise de contrôle ou la captation dans mon champ d'énergie. Je constate que lorsqu'on fait cela en conscience, lorsqu'on pose consciemment l'intention d'accepter ou de refuser l'échange, des rééquilibrages se font instantanément, dans le calme et le silence.

Pour moi, prendre conscience que nous sommes un champ d'énergie permet d'une part d'enrichir nos échanges avec les autres, dans un équilibre donner-recevoir, et d'autre part de fermer les parties de nous-mêmes qui sont ouvertes et qui, si nous n'en sommes pas conscients, sont comme des fuites énergétiques dans lesquelles d'autres peuvent puiser parce que nous les laissons faire cela. » Ivan

Nous avons annoncé en introduction de ce livre que certains chapitres seront présentés sous la forme d'exercices. C'est le cas de ce chapitre qui aborde le thème des cinq dimensions de l'être humain.

Posons tout d'abord le contexte général. Nous sommes un et multiple à la fois, multidimensionnel. Mais au quotidien, nous l'oublions. Des parties de nous-mêmes seront soit surdimensionnées et suractives, soit endormies, soit carrément refoulées. Notre mental pourra ainsi par moment (trop souvent) nous envahir, notre émotionnel nous dominer, notre corps prendre toute la place ou au contraire être obligé de suivre, sans broncher, sans que nous ne l'écoutions. Nous vivons le plus souvent dissociés.

En séminaire, nous invitons les participants (et nous-mêmes) à harmoniser ces différentes parties d'eux-mêmes. En binôme, chacun invite l'autre, à tour de rôle, à se recentrer. Nous ne sommes pas en séminaire mais considérez, si vous en êtes d'accord, que nous allons travailler ensemble, en binôme. Nous serons l'accompagnant, vous serez l'accompagné, c'est-à-dire celle ou celui qui est invité à se réharmoniser.

Nous allons tout d'abord vous inviter à vous sentir bien présent à vous-même. Vous pouvez pour cela respirer tranquillement et prendre le temps de vous détendre totalement. Maintenant, nous allons vous proposer de mettre progressivement et successivement votre attention sur chacune de vos dimensions pour mieux les ressentir, les apaiser, les relier et les coordonner. Elles seront au nombre de cinq : votre dimension physique, puis mentale ou intellectuelle, émotionnelle, spirituelle et enfin holistique[31].

La dimension physique

Vous allez, toujours si vous le voulez bien, commencer par placer votre attention sur votre dimension physique.

Comment vous sentez-vous physiquement ?

Êtes-vous confortablement installé ?

Une partie de votre corps est-elle plus tendue qu'une autre ? Plus engourdie ?

Quelles sont vos sensations corporelles en ce moment ? Quels sont vos ressentis physiques ?

Prenez le temps de ressentir, d'accueillir vos sensations et d'apaiser vos éventuelles tensions. Vous pouvez, toujours si vous le souhaitez, respirer plus amplement, ou plus calmement, ou plus profondément, et peut-être vous positionner d'une manière qui vous convient mieux.

---

[31] Cette approche est présentée par Laurence Baranski dans *Le manager éclairé* (É. d'organisation, 1ère éd. 2001, 3ème éd. 2014), de manière plus détaillée en intégrant la cinquième dimension (holistique) dans *Osez l'invisible* (Chronique sociale, 2020) ainsi que dans l'article *Gouverner en cinq dimensions* publié dans *Le leadership spirituel en pratiques*, ouvrage collectif dirigé par Catherine Voynnet Fourboul (EMS, 2021). Tout en étant différente, cette approche présente des correspondances avec les enseignements de certaines Traditions de sagesse qui parlent de corps énergétiques (physique, mental, émotionnel, bouddhique et atmique).

Nous malmenons ou oublions souvent notre corps dans la vie de tous les jours. C'est comme s'il fallait qu'il suive le rythme, quoiqu'il arrive. Nous le négligeons. Il est pourtant le véhicule précieux qui nous permet de vivre notre expérience terrestre. Sans lui, nous ne sommes plus là, nous ne pouvons plus être en contact avec les autres, avec l'environnement, la Nature, ce qu'elle nous offre et nous donne à voir, ses odeurs, ses sons, le goût, le toucher.

Notre corps est aussi un capteur puissant d'informations subtiles. Il nous donne des indications sur notre état général et sur notre environnement. Il nous parle en permanence. Il ne ment pas, il transmet. Il est la source de notre *intelligence corporelle* qui nous guide et nous informe sur notre équilibre global dès lors que nous y sommes attentifs.

Prenez le temps, en douceur, d'habiter pleinement et sereinement votre corps et profitez de ce moment de présence physique à vous-même.

La dimension mentale ou intellectuelle

À présent, nous vous proposons de placer votre attention au niveau de votre mental. Bien sûr, votre mental est actuellement concentré sur la lecture de ces mots. Mais laissez ce livre quelques secondes et identifiez les pensées qui vous traversent, les préoccupations qui peut-être sont en arrière-plan, liées à votre vie du moment.

Là encore, reconnaissez ces pensées, accueillez-les, puis laissez-les passer. Faites le vide quelques secondes et laissez le calme s'installer en vous.

Nous vivons dans une société qui sollicite sans arrêt notre mental. Il n'est jamais au repos. Il est toujours en alerte et en activité. Il passe d'une préoccupation à une autre, d'une réflexion à une autre. Il a longtemps été le siège de la seule forme d'intelligence reconnue, jugée digne d'intérêt et mesurée par le fameux *Quotient Intellectuel*. Il a été mis sur un piédestal et nous avons appris à le surinvestir au détriment des autres parties de nous-mêmes. Cela revenait à nier nos autres formes d'intelligence comme l'intelligence corporelle, émotionnelle, intuitive…

Le problème de notre mental est que, s'il nous aide à apprécier les situations et à développer notre discernement, c'est son « bon côté », il analyse en permanence, juge, compare, projette, imagine souvent le pire et s'inquiète. Bien souvent pourtant, il n'attend qu'une chose : que nous lui donnions l'autorisation de se reposer. Le monde n'arrêtera pas de tourner et nous, nous pourrons reprendre notre souffle, nous régénérer, nous mettre à l'écoute de nos autres dimensions.

Continuez quelques instants à faire le vide en vous et profitez de ce moment d'apaisement de vos pensées.

La dimension émotionnelle

Votre corps est détendu, votre mental est apaisé. Posez à présent votre attention sur votre dimension émotionnelle, ici et maintenant. Ressentez vos émotions.

Êtes-vous paisible, joyeux, énervé ?

Quel est le premier ressenti émotionnel qui arrive à vous lorsque vous vous concentrez sur cette dimension de vous-même ?

Avez-vous en filigrane des inquiétudes, des peurs, des joies, des tristesses ?

Là encore, reconnaissez, accueillez et si besoin apaisez vos émotions. Imaginez que vous les laissez se déposer au sol ou sur l'eau calme d'un lac.

Dans la vie courante, il arrive que nos émotions soient si présentes qu'elles se mettent à dominer totalement nos réactions et nos comportements. Elles s'exprimeront par une colère incontrôlable, une peur soudaine, une excitation envahissante, une tristesse. Dans ces moments-là, tout se passe comme si nous devenions cette émotion, comme si un nuage énergétique nous envahissait ou venait s'interposer entre nous et notre perception de la réalité. C'est inévitable par moment, cela fait partie de la vie. Mais, tout comme nous ne sommes pas nos seules pensées, nous ne sommes pas nos émotions. Toutes les Traditions de sagesse nous invitent à réguler nos émotions de façon à ne pas les laisser nous envahir, à ne pas nous identifier à elles. C'est alors que pourra se libérer notre *intelligence émotionnelle*, celle qui nous permet de mieux percevoir nos émotions profondes, véritables, et d'être en empathie et en synchronie avec les autres et le monde.

Profitez de ce moment d'apaisement de vos émotions qui continuent de se déposer, telles des plumes légères, sur le sol ou l'eau du lac.

La dimension spirituelle

Vous allez maintenant poser votre attention sur votre dimension spirituelle. Elle est le souffle de la Vie en vous. Elle est les valeurs qui vous mettent en mouvement, vos aspirations profondes, vos rêves et les idéaux qui vous portent.

Qu'est-ce qui, en général ou à cet instant même, vous anime profondément ?

Qu'est-ce qui, au plus profond de vous, fait vibrer votre cœur ?

Qu'est-ce qui, dans la vie, vous réjouit le plus ? Vous donne envie d'avancer ?

Prenez quelques secondes et identifiez ce qui vous anime intérieurement, la source d'énergie de votre être profond, de votre enfant intérieur, de votre enfant libre. Quel est votre moteur vital et essentiel ? Entrez dans cette dimension de vous-même et ressentez la puissance de la force de vie en vous, votre flamme intérieure.

Il y a encore quelques années, il n'était pas possible de prononcer le mot *spiritualité* dans le champ social ou professionnel. La spiritualité était confondue avec la religion et devait rester du domaine privé et intime. Cela est en train de changer car nous réalisons que l'aspiration spirituelle est un besoin humain universel que nous avons besoin de libérer et d'exprimer. Elle donne du sens et du souffle à nos vies. Notre dimension spirituelle est le siège de notre *intelligence spirituelle*. Elle est basée sur notre ouverture du cœur et elle est essentielle à notre équilibre individuel et collectif.

Restez quelques instants en contact avec cette énergie spirituelle en vous et ressentez la manière dont elle vous anime. Vous pouvez aussi vous recentrer sur votre respiration et prendre encore plus conscience de votre présence vivante ici et maintenant, là, entre Ciel et Terre.

La dimension holistique

À présent, toujours si vous le voulez bien, vous allez, à votre rythme et selon votre propre équilibre personnel, reliez en vous ces quatre dimensions apaisées de vous-même, votre corps, vos pensées, vos émotions et vos aspirations essentielles. Vous n'êtes aucune de ces dimensions prises isolément. Vous êtes tout cela en même temps, en interaction, et totalement apaisé.

Trouvez votre équilibre. Laissez chacune de vos dimensions prendre sa juste place en vous et ressentez que vous êtes en train de vous unifier, de vous harmoniser, de vous aligner.

En faisant cela, vous entrez dans votre cinquième dimension, votre dimension holistique. Cette dimension est aussi celle de l'éther évoqué précédemment. C'est la dimension de l'invisible actif en nous et autour de nous, celle de nos corps d'énergie harmonisés, celle qui nous propulse dans le champ de la conscience. C'est la dimension de notre être qui fait l'expérience de l'expansion de lui-même et de son unité.

Cette unité est votre signature vibratoire, quantique. Elle est unique. Prenez le temps de ressentir cet être conscient que vous êtes et qui évolue à la fois sur cette planète et dans l'espace invisible fréquentiel.

Et vous pouvez maintenant, toujours si vous le souhaitez, vous réjouir de votre unité et honorer l'être que vous êtes et qui s'autorise à s'expanser. Cette expansion peut se déployer à l'infini. Nous pouvons toujours grandir à nous-mêmes lorsque nous nous situons, alignés, dans notre dimension holistique.

Observez ce qui se passe en vous lorsque vous êtes dans cet état d'harmonie et de reliance intérieure, sans limite.

Nous sommes une énergie en mouvement

Tout est énergie et vibrations. Notre corps, nos pensées, nos émotions, nos idéaux sont énergies et vibrations. Lorsque nos énergies sont en équilibre et que nous entrons, apaisés, dans notre dimension holistique, il est possible pour certains d'entre nous de percevoir des informations, des formes, des couleurs ou des sensations nouvelles, extrasensorielles. Car nos sens sont étendus et notre champ de conscience s'ouvre. Nous captons ce que nous ne captions pas avant. Nous prenons conscience que nous sommes une énergie en mouvement et en résonance avec l'énergie du lieu où nous vivons, en lien avec l'énergie des différents règnes de la Nature, avec les formes pensées que les humains créent, avec les champs de mémoires transgénérationnelles et culturelles dans lesquels nous baignons habituellement de manière inconsciente.

Nous ressentons à présent cela et nous pouvons commencer à interagir dans la conscience que nous sommes en permanence en relation dynamique avec les champs énergétiques et subtils environnants. Et nous pouvons, toujours en conscience, faire des choix sur ce que nous souhaitons émettre ou pas, sur ce que nous acceptons de recevoir ou pas, sur ce à quoi nous souhaitons nous connecter ou pas.

Chacun trouvera son propre équilibre, à la fois ancré et expansé, en gardant à l'esprit que nos différentes dimensions sont toujours présentes et qu'aucune n'est plus importante que les autres. Il nous appartient de veiller à ce que, dans notre quotidien, certaines ne prennent pas trop de place au détriment des autres, que notre mental laisse aussi s'exprimer notre émotionnel, que notre émotionnel ne pèse pas sur notre dimension physique, que notre dimension spirituelle ne se prenne pas pour notre dimension holistique…

Un activateur quantique a conscience qu'à chaque minute, à chaque seconde, à chaque instant il existe dans toutes ses dimensions. Il apprend à rester unifié et à ramener ses énergies ici et maintenant sur la Terre, dans son corps, le creuset alchimique de notre expérience de vie.

Cette attention intérieure à soi-même n'est pas qu'individuelle. Elle a aussi une incidence collective directe. C'est le sens des propos de Débora Nunes, Docteur en urbanisme participatif, fondatrice de l'École d'écologie intégrative (ESI) et créatrice de liens et de réseaux citoyens à l'échelle internationale : « *Plus nous irons rechercher cette cohérence intérieure entre ce que nous disons, ce que nous pensons, ce que nous ressentons et ce que nous manifestons dans la vie, c'est-à-dire plus nous allons aller vers l'intérieur de nous-mêmes, plus nous construirons un monde écologique, coopératif, qui est à l'écoute et qui est dans une ouverture complète à l'amour de soi et des autres.* » [32]

Et vous ? À la porte Accueillir nos cinq dimensions d'être humain, *que ressentez-vous, que pensez-vous, que diriez-vous, qu'auriez-vous envie d'explorer davantage, peut-être d'équilibrer, d'expanser et d'harmoniser en vous-même ?*

---

[32] Source : intervention de Débora Nunes lors des *Rencontres Conscience et Citoyenneté* 2023.

Les cinq dimensions de l'être humain

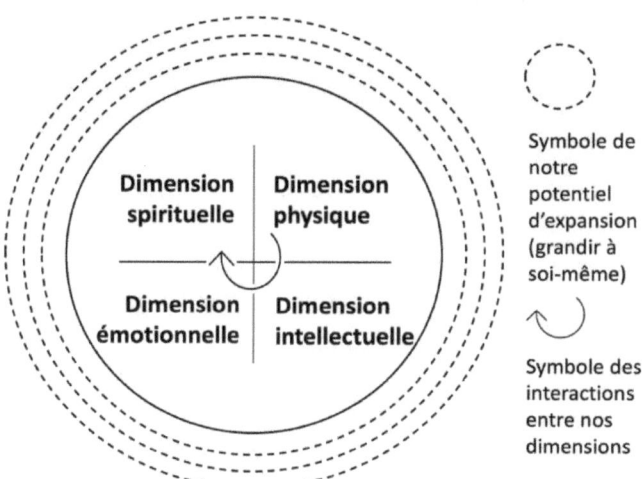

La cinquième dimension : la dimension holistique
Elle est le résultat de nos quatre dimensions équilibrées, apaisées et en interaction. Elle nous propulse dans le champ de notre conscience et de la Conscience.

Ce schéma a été initialement proposé dans *Oser l'invisible*, Chronique sociale, 2020.

Chapitre 2

Rester connecté à soi, instant après instant

> **Témoignage**
>
> « Autour de mes 20 ans, je n'allais pas très bien. En apparence, les choses étaient plutôt normales et normées dans ma vie. Mais intérieurement, j'étais tiraillée. Il y avait d'un côté 'moi' dans le monde extérieur, étudiant et social à l'époque. Ce 'moi' ne comprenait pas le fonctionnement et les valeurs de la société matérialiste dans laquelle j'allais devoir évoluer. Je n'en percevais pas le sens et je n'avais pas vraiment envie de contribuer à cette course que je trouvais beaucoup trop déshumanisée.
>
> Et de l'autre côté, il y avait 'moi' toujours, mais dans mon monde intérieur, cette partie de moi pleine d'idéal et d'intuitions, sensible déjà à l'invisible, qui sentait que la réalité était bien différente, plus large, de l'ordre du subtil. Mais personne n'en parlait dans le champ social, c'était comme un tabou, un non-dit, un impensé collectif.
>
> J'ai passé une grande partie de ma vie à apaiser ce tiraillement, c'est-à-dire à apprendre à agir dans le monde sans perdre le contact avec mon être profond. Cette quête de cohérence inté-

rieure-extérieure m'a amenée à tracer mon chemin en y cherchant et en y mettant toujours plus de sens. J'ai par exemple cocréé le projet *Interactions Transformation Personnelle-Transformation Sociale* grâce auquel nous nous sommes rencontrés avec Ivan il y a 25 ans, et grâce auquel nous avons élargi notre cercle d'amis à de nombreux chercheurs et pèlerins, eux aussi en quête de sens et de cohérence.

Ce tiraillement a donc été pour moi une bonne chose dans ma construction et dans mes réalisations, il a été une source de créativité et aussi de résilience. Mais il n'était pas toujours agréable à vivre. Il m'est arrivé de perdre mon équilibre intérieur. Dans mes moments de calme, je sentais bien que le plus important était de garder la foi en moi et en mes rêves, et de ne pas me laisser emporter par une sorte de tourbillon d'impuissance et de dévalorisation.

Alors, au début, pour ne pas oublier que la lumière est toujours au bout du tunnel et qu'avancer en équilibre ne dépendait que de moi, j'avais trouvé 'un truc'. Je dessinais sur le dos de ma main une croix, avec un feutre bien épais. Cette croix avait deux fonctions. Puisqu'elle était sur ma main, je la voyais constamment. Elle me rappelait intérieurement et immédiatement de ne pas baisser les bras, de toujours me relever énergétiquement, et qu'il y avait en moi une énergie bien plus forte que tous les doutes qui auraient pu m'envahir.

L'autre fonction de ce dessin sur ma main était que ce rappel à moi-même m'était également renvoyé par les autres, sans qu'ils n'en comprennent le sens profond que cela avait pour moi. Car, évidemment, les personnes que je rencontrais ne

> manquaient pas de s'étonner de cette croix sur ma main. Elles m'en demandaient souvent la signification.
>
> Je répondais évasivement que c'était un aide-mémoire, qu'il y avait quelque chose que je ne devais pas oublier, puis je passais à un autre sujet. Je ne disais pas qu'en fait, ce que je ne devais pas oublier était l'essentiel, puisqu'il s'agissait de 'mon essentiel', de ma verticalité, de mon amour pour moi et de ma foi en moi et en la vie ! Ce signe sur ma main m'a beaucoup aidée à cette époque. Il était comme un message de ma conscience supérieure, une passerelle vitale entre mon 'moi social' et mon 'moi spirituel', le reflet de mon unité et de mon alignement à retrouver, à incarner et à manifester dans ce monde. » Laurence

Le plus difficile bien sûr est de rester aligné et connecté à soi instant après instant, de maintenir de manière continue cet équilibre entre nos différentes dimensions. Comment y parvenir ?

À propos de la méditation

Ces dernières années, la méditation a connu un succès croissant, notamment la méditation qu'on qualifie de « pleine conscience ». Elle nous apprend à être attentifs à ce qui se déroule en nous-mêmes dans l'instant. Il y a d'autres types de médiation, comme la méditation zazen, cette pratique grâce à laquelle, dit-on, Siddhartha Gautama s'est éveillé et est devenu le Bouddha il y a 2600 ans, ou encore la marche consciente.

Quelle que soit la pratique méditative, le principe et l'invitation sont toujours les mêmes. Il s'agit d'apprendre à être à l'écoute de ce qui se passe en soi dans l'instant présent, sans être emporté par le flux de nos pensées, de nos émotions ou de nos rêves. Nous ne sommes ni nos pensées, ni nos émotions, ni nos rêves, ni même nos douleurs. Ces énergies ne font que nous traverser, à nous de ne pas nous y accrocher.

Si la méditation est une pratique, elle est surtout un état, celui de la reliance à soi. Et on peut se sentir relié à soi dans tous les actes simples de la vie, pas seulement lorsqu'on s'astreint à une pratique méditative.

Bien sûr, rester dans cet état de conscience élargie, connecté de manière équilibrée à sa cinquième dimension, n'est pas facile au quotidien, car notre société est telle qu'elle génère des champs énergétiques fragmentés, des égrégores collectifs de colère, des vibrations de peur. Autant de phénomènes invisibles et imperceptibles à nos sens ordinaires, mais qui pourtant pourront venir nous décentrer. Comment rester alignés dans ce monde qui énergétiquement ressemble trop souvent à une mosaïque éclatée et déstructurée ?

L'important est de garder en « mémoire vibratoire » notre état d'alignement, de façon à pouvoir le réactiver dès qu'on le souhaitera, jusqu'à le stabiliser et à en faire un état naturel dans toutes nos activités, de manière continue. C'est une gymnastique énergétique intérieure qui au début peut demander un certain entrainement et une certaine attention. Mais plus nous allons cultiver ce retour à nous-mêmes, moins nous courrons le risque d'être emportés par les champs de force collectifs extérieurs qui pourraient nous déstabiliser. Moins, également, nous nous laisserons parasiter par nos croyances limitantes, nos pensées inhibantes et nos émotions envahissantes.

De la séparation à la reliance

Pour mettre en évidence ce processus d'expansion et de stabilisation continue de notre conscience, nous utilisons en séminaire un exercice que nous avons intitulé « Du boulevard de la séparation au boulevard de la reliance »[33]. Nous vous proposons de le développer ci-après, vous pourrez si vous le souhaitez l'expérimenter à votre tour. Il se déroule sur cinq temps.

Dans un premier temps, nous invitons les participants à marcher d'un bout à l'autre de la salle, le long de ce que nous allons appeler « le boulevard de la séparation ». La consigne donnée aux participants est de réactiver, durant cette traversée, tout ce qui ne va pas dans leur vie, que ce soit sur le plan personnel, professionnel ou relationnel, les difficultés qu'ils rencontrent, ce qui les peine dans le monde, tout ce qui est séparé, divisé, en tension dans leur vie. Les participants marchent sur ce boulevard de la séparation, lentement, en se connectant à ces énergies, il faut le dire bien peu agréables, mais qui font partie de leur réalité énergétique. Arrivés au terme de cette marche, nous débriefons avec les participants.

---

[33] Cet exercice est librement adapté de l'exercice *Du boulevard de la plainte au boulevard de la vie* proposé de la psychosociologue Marie-Françoise Bonicel.

Bien sûr, sans surprise, leurs ressentis sont lourds et pesants, parfois accablants.

Puis, dans un deuxième temps, nous proposons aux participants de marcher dans l'autre sens, cette fois-ci sur « le boulevard de la reliance », en pensant à tout ce qui va bien dans leur vie, ce qui les rend heureux ou fiers, ce dont ils se réjouissent, que cela les concerne directement, concerne leurs proches ou le monde qui les entoure. Il s'agit de réactiver en eux tout ce qui est de l'ordre de l'harmonie et de l'union dans leurs vies. Une fois cette traversée accomplie, nous débriefons à nouveau les ressentis des uns et des autres. Là encore, sans surprise, tous se sentent évidemment plus légers, plus joyeux, plus apaisés, plus alignés et avec beaucoup plus d'énergie intérieure.

Cet exercice tout simple illustre à quel point nos perceptions, l'endroit où nous portons notre attention et le regard que nous avons sur la vie, influencent directement notre état d'être et notre niveau énergétique. De nombreuses études scientifiques en témoignent : les pensées et les attitudes positives sont sources de bien-être, de légèreté et de bonne santé.

Le pouvoir du cœur

Puis, dans un troisième temps, nous proposons aux participants de visionner une courte vidéo qui illustre ce qui se passe énergétiquement lorsque nous nous mettons en réception des énergies positives de l'environnement et que nous émettons à notre tour des énergies positives. Cette vidéo rend visible l'échange énergétique qui se produit dans des situations toutes simples et agréables du quotidien, lorsque nous recevons une marque d'attention qui nous fait très plaisir, que nous assistons à une scène qui nous touche, que nous faisons preuve de compassion, que nous réussissons quelque chose ensemble qui nous rend heureux, ou encore que nous repensons à un beau souvenir stocké dans notre mémoire.

Ces énergies, qui sont symbolisées par un flux d'énergie dans le petit film projeté, sont émises et reçues par le cœur et circulent entre les humains de cœur à cœur. C'est en effet notre cœur qui reçoit cette énergie chargée d'informations positives, qui la libère, l'amplifie et la fait vibrer en nous et entre nous. Tout s'apaise en nous et nous nous sentons plus légers. C'est aussi ce qui se passe lorsque nous sommes amoureux et que nous avons l'impression d'avoir des ailes. Puis, de proche en proche, de cœur à cœur, même inconsciemment, c'est tout le vivant sur la Terre qui en profite et s'expanse. Notre cœur est en fait une centrale d'énergie positive et son énergie, si nous la laissons circuler, est contagieuse et exponentielle.

Cette animation visuelle pourrait se contenter d'être un joli petit film pour enfant. Mais c'est pourtant ce qui se passe réellement dans notre réalité énergétique. Des études menées sur la Cohérence cardiaque, et plus largement sur l'impact des vibrations que nous émettons, mettent en évidence le pouvoir apaisant des énergies positives et la puissance du cœur lorsqu'il s'ouvre à la vie, à la paix et à l'amour. Le cœur est une source puissante d'énergie bienfaitrice[34]. Ainsi, lorsque

---

[34] Pour aller plus loin sur ce thème, vous pouvez consulter notamment les ouvrages de Gregg Braden, le livre *La contagion du cœur* de Laurence de

nous restons centrés et présents à nous-mêmes, et que nous veillons à maintenir notre conscience au-delà du niveau de notre conscience ordinaire, notre cœur ouvert à la fois en réception et en émission, c'est tout notre environnement qui en profite.

Se reconnecter à son cœur dans l'instant

Au-delà des informations qu'elle véhicule, cette vidéo est belle à regarder. Elle invite naturellement à relâcher ses tensions internes et à ouvrir son cœur. C'est alors dans cet état d'ouverture que nous demandons aux participants, dans un quatrième temps, de marcher à nouveau sur le boulevard de la séparation, mais cette fois-ci en ressentant et en visualisant qu'ils émettent autour d'eux, intentionnellement, une énergie positive directement depuis le cœur.

Les retours en fin de parcours sont bien différents du premier voyage. Certes, les situations auxquelles les participants pensaient sont les mêmes que lors de leur première marche, mais ils perçoivent à présent à quel point l'énergie qu'ils émettent depuis leur cœur est réparatrice, combien les situations difficiles peuvent s'alléger, à quel point les personnes auxquelles ils pensaient en profitent positivement. Quant à la marche sur le boulevard de la reliance, cette fois-ci dans la conscience de

---

La Baume (J'ai lu, 2022), les travaux de l'Institut Maharishi sur le pouvoir de la méditation transcendantale, les travaux sur la Cohérence cardiaque ou encore ceux de Luc Bodin sur la Résonance de Schumann.

la reliance à soi et à l'énergie du cœur, elle devient un moment de joie intérieure intense et démultiplié.

Cet exercice n'est pas qu'un simple exercice pédagogique de visualisation et de ressentis. Il met en évidence ce qui se passe réellement dans l'invisible personnel et collectif lorsque nous sommes apaisés, que nous élargissons notre conscience et que nous ouvrons notre cœur. Cœur et conscience sont liés.

Pour Luc Bigé, Dr. en sciences, symboliste et fondateur de l'Université du Symbole, « *la conscience est un flux. C'est un champ de contact qui permet de relier tous les existants. Et cela s'appelle l'amour en réalité.* »[35]. Plus nous expansons notre conscience, plus nous posons une intention positive, plus notre cœur s'ouvre, alors plus l'amour vibre. Et plus l'amour vibre, plus notre conscience va pouvoir s'expanser encore plus.

Réactiver sa mémoire vibratoire

Nous avons toutes et tous, à un moment donné de notre vie, connu cet état de plénitude, de sérénité et de joie expansée, même s'il était parfois fugace. Puis nous sommes retombés dans les complications de la vie quotidienne, notre conscience est « redevenue » ordinaire, cet état a disparu, nous ne le ressentons plus, ou de moins en moins.

Pourtant, cet état est toujours là quelque part en nous, dans nos mémoires vibratoires. Nous pouvons donc le réactiver. Il est

---

[35] Source : intervention de Luc Bigé lors des *Rencontres Conscience et Citoyenneté* 2022.

une ressource toujours disponible, à portée de notre cœur et de notre conscience. Nous pouvons nous y reconnecter à tout moment. Ce sera chacun de trouver sa technique.

On peut activer en soi un souvenir, une pensée, un mot, une posture, un geste comme un claquement de doigt, un déclencheur qui nous rappellera qu'il ne tient qu'à nous de nous élever, de prendre de la hauteur et d'ouvrir notre cœur. Puis de penser à utiliser ce déclencheur à chaque fois que nous nous laissons emporter par le côté plus lourd de nos vies, jusqu'à ce que cette reconnexion devienne naturelle et instantanée. C'est ainsi que nous pouvons nous aider nous-mêmes, les autres et le monde qui nous entoure à nous apaiser.

L'activateur quantique sait et pratique cela. Il sait qu'il est agissant et puissant « dans » et « par » l'invisible s'il le souhaite. Il apprend à composer avec le va-et-vient énergétique de la vie. Il veille à grandir en verticalité, relié aux plus hautes dimensions de lui-même.

Et lorsque ses énergies baissent, il ne dit pas que c'est la faute de l'extérieur ou des autres. Il se dit qu'il est en phase d'apprentissage, il se relève et il sait qu'il fera mieux la prochaine fois. Il se sait responsable de son équilibre. Il n'hésite pas à demander de l'aide aux personnes en qui il a confiance s'il en éprouve le besoin.

Le monde d'aujourd'hui est énergétiquement très perturbé. Mais en fait, tout se passe comme si nous étions testés par la vie, ou par notre âme, et invités à aller encore plus loin dans notre capacité à élever notre conscience et à rester alignés, dans le cœur.

Ce processus d'apprentissage semble bien faire partie du passage d'une ère à une autre, d'un état de conscience à un autre. La mer est agitée ? Qu'importe. Apprenons encore plus et mieux à garder notre équilibre et émettons autour de nous les énergies positives dont nous avons besoin, et dont l'humanité dans son ensemble a besoin.

Et vous ? À la porte **Rester connecté à soi, instant après instant** *que ressentez-vous, que diriez-vous à ce sujet ? Comment parvenez-vous à rééquilibrer vos énergies et à vous réaligner lorsque la vie vous bouscule ?*

Chapitre 3

Comprendre le quantique

> **Témoignage**
>
> « J'aime affirmer, par mon expérience, mes compréhensions et mes représentations, que je suis un être dont l'immense partie est invisible, comme pour chacun d'entre nous. Et je remercie l'univers du quantique et ses chercheurs de nous donner les outils de représentation pour imager cela, pour le rendre accessible à notre conscience, sans avoir à passer par telle ou telle voie mystique ou spirituelle. Je suis heureux de pouvoir vivre cela aujourd'hui.
>
> Lorsque j'étais adolescent, à l'âge où je m'amusais à percevoir et à décoder les auras, je l'ai déjà évoqué, je lisais, ou plutôt je dévorais, sans vraiment les comprendre, des livres sur Einstein et sur la physique quantique. Mon plus grand rêve était de devenir physicien quantique. J'appelais cela la physique atomique. J'ai compris depuis qu'il existe des particules plus petites que les atomes.
>
> Cette physique m'a ouvert la porte de la métaphysique. Sans tout comprendre, aujourd'hui non plus d'ailleurs, je reliais ce que je lisais à mes découvertes sur les champs subtils. Ces représentations scientifiques, qui disaient que nous ne sommes pas que matière, m'ouvraient l'esprit et me transportaient.

> J'étais heureux. Cela me connectait, je le dis aujourd'hui comme cela mais je ne le disais pas ainsi à l'époque, à quelque chose d'essentiel en moi, quelque chose qui m'enthousiasmait. Cela m'invitait encore plus à me mettre en état d'expansion de conscience. Là encore, je ne le disais pas comme cela, mais je l'expérimentais. Pour faire simple, cela me reliait à cette partie de moi-même qui vibrait, mon essence d'être, cette partie qu'on appelle notre âme. » Ivan

En introduction de cette deuxième partie, nous avons défini l'activateur quantique comme « une personne qui agit à partir d'un champ d'énergie et d'information plus vaste que sa conscience ordinaire ». C'est ainsi que nous l'entendons et que nous avons souhaité l'illustrer dans les deux chapitres que vous venez de lire. Mais, plus précisément, que signifie « quantique » et que mettons-nous derrière ce mot ?

C'est quoi le quantique ?

Tout comme la notion de *méditation*, celle de *quantique* a connu un grand succès ces dernières années. Ce mot est abondamment utilisé dans le champ de l'accompagnement spirituel, comme dans celui du soin et des médecines alternatives. Mais il est d'abord scientifique. Il vient de « quantum » (« quanta » au pluriel) qui désigne la plus petite mesure indivisible, que ce soit celle de l'énergie, de la quantité de mouvement ou de la masse. Le mot a donné naissance à la *théorie des quanta* en 1900, puis à la *mécanique quantique*, puis à la *physique quantique*. En sciences, le quantique est le domaine de *l'infiniment petit* dont les particularités se révèlent bien différentes de ce qui se passe à l'échelle humaine. Selon le physicien quantique Amit Goswami, « *la science quantique est différente de la science traditionnelle des objets, car c'est une science de la conscience et des expériences subjectives de sens et de but.* » [36] La science quantique est une science du subjectif, plus précisément qui intègre le subjectif. Elle amorce de ce fait une évolution saisissante de nos représentations du réel et de la perception que nous en avons.

En effet, en physique de la matière, celle sur laquelle est fondée notre civilisation actuelle, nous avons l'habitude d'obtenir des observations et des résultats stables, reproductibles, objectivables, partagés et durables. C'est totalement différent dans l'univers quantique. Pour illustrer ces différences, prenons quelques exemples parmi ceux qui frappent le plus l'imaginaire.

Les particules quantiques peuvent se trouver à deux endroits à la fois, être ici et là en même temps, ou même suivre plusieurs trajectoires à la fois. Leur position n'est pas corrélée à leur vitesse. Leur état lui-même est variable : elles peuvent être ondes ou particules selon l'observation qu'on en fait. Les résultats quantiques, quant à eux, ne sont jamais certains, ils ne sont que des probabilités, ils n'apportent aucune certitude. Et il y a bien sûr cette grande découverte de l'intrication quantique (ou enchevêtrement quantique), phénomène selon

---

[36] Source : site web Amit Goswami.

lequel deux particules (ou deux groupes de particules) forment un système lié et présentent des états interdépendants quelle que soit la distance qui les sépare. Autrement dit, à partir du moment où des particules quantiques se sont rencontrées une fois, elles restent en lien, indépendamment de la distance entre elles, et elles forment un système interconnecté.

Tout cela nous plonge dans un univers en mouvement permanent, insaisissable et relié, où des choses peuvent apparaître et disparaitre selon la manière dont on les observe et selon l'état d'être de l'observateur, de ses émotions et de ses intentions. Ces dernières jouent un rôle clé dans l'observation. Tout se passe comme si on ne voyait, dans le quantique, que ce que l'on voulait ou pouvait voir. Ainsi, l'un pourra voir ce que l'autre ne voit pas. Autrement dit encore, l'état d'être de l'observateur conditionne l'apparition ou la non-apparition d'un événement. Tout devient relatif… et possible.

De manière annexe, pas vraiment quantique mais tout aussi saisissante, les scientifiques ont mis en évidence l'existence des biophotons, des particules présentes dans tous les systèmes vivants qui émettent de la lumière. La lumière est partout… si on sait la percevoir.

Du quantique à la spiritualité

En extrapolant, nous voici donc, nous êtres humains, dans nos dimensions infiniment petites et invisibles, des êtres lumineux, à la fois vibrations, ondes et particules, reliés les uns aux autres, capables d'être ici et là-bas en même temps, à la fois énergie et information, créateurs de notre réalité, elle-même directement liée à notre état d'être, à nos émotions et à nos intentions, évoluant dans un monde de probabilités où rien n'est figé.

Dans une vision matérialiste de la vie, qui se range derrière l'hypothèse de la conscience locale logée dans le cerveau, cette extrapolation n'a aucun sens. Elle est absurde.

Mais dans l'hypothèse post-matérialiste, qui met en avant l'idée que la conscience est pour partie locale (c'est notre conscience ordinaire) mais aussi et surtout non locale, se déployant dans des espaces insaisissables par nos sens ordinaires, l'hypothèse devient digne d'intérêt. Car comment pourrait fonctionner notre conscience non locale, cette part invisible et subtile de nous-même ? Possiblement comme les particules quantiques.

À cet endroit-là de notre extrapolation, le quantique ne se présente plus seulement comme un tremplin vers une vision post-matérialiste du réel, mais aussi comme un pont qui relie la Science aux Traditions de sagesse. Car depuis des millénaires, ces dernières nous parlent de ces espaces invisibles de la conscience qui défient les lois de la matière. Certaines de ces traditions ont par exemple cartographié de façon extrêmement détaillée l'énergie de nos corps physiques, mais aussi celles de nos corps d'énergie et toute une série de champs invisibles pour l'être humain (les circuits d'énergie que sont les *chakras* et les *nadis* par exemple dans l'approche védique). Elles nous parlent aussi de vie après la mort, d'êtres non-incarnés, d'apparitions, etc.

Ces connaissances ancestrales, d'une richesse infinie, sont un véritable patrimoine mondial de l'humanité. Elles nous suggèrent mieux que la seule pensée matérialiste « qui nous sommes » et « d'où nous venons » en tant qu'êtres vivants et conscients. Elles ouvrent d'autres horizons. Ces connaissances, qui relèvent de la spiritualité, autrement dit de la « science de l'esprit », ont longtemps été tues dans notre société, nous l'avons souligné. On n'en parlait pas au risque de passer pour fou, voire d'être qualifié de sectaire.

L'approche quantique permet de les réinvestir de manière raisonnable. Il n'y a pas de certitudes bien sûr, il n'y a scientifiquement que des hypothèses, mais notre imaginaire et notre vécu ont enfin droit de cité. Le quantique crée des passerelles entre les sciences modernes, la spiritualité et nos expériences humaines. Il nous aide à nous réunifier.

Ainsi, à la lumière des enseignements quantiques, ce que nous nommons la réalité devient une incroyable danse d'ondes et de particules en mouvement permanent, et une reconfiguration permanente de fréquences et de champs vibratoires plus ou moins condensés. Cela est également vrai pour nous-mêmes et notre corps. Il émet des ondes, on l'a vu pour le cœur. Nos organes, faits d'infiniment petit, émettent aussi. Nous sommes, nous aussi, un champ d'ondes et de vibrations qui émet en permanence un signal, une musique, une forme, une lumière.

Tout est vibration et activation quantique

Ramené à une représentation accessible et partagée (au risque de heurter la rigueur scientifique), le quantique est cette vision du monde et de nous-mêmes qui nous dit que tout est vibration, en interaction, et que la représentation que nous en avons dépendra de notre observation, qui elle-même dépendra de notre état d'être.

Il en résulte qu'il n'y a pas de réalité extérieure à nous. Ce que nous percevons est d'abord en nous. C'est notre lecture subjective. Intérieur et extérieur sont reliés. Quant à la réalité, elle est infiniment plus vaste et multidimensionnelle que la perception que nous en avons. D'autres que nous peuvent la voir autrement. Je peux aussi la faire évoluer en fonction de ce je suis, de ce que j'émets et de ce que je reçois. Rien n'est figé ni bloqué.

Toute ces notions nous donnent des autorisations pour nous penser de manière plus vaste. Cela nous permet de nous autoriser à naviguer dans des espaces éthérés sur lesquels nous pouvons avoir une influence, mais aussi par lesquels nous sommes influencés en permanence, que nous en soyons conscients ou pas. Nos pensées et nos intentions sont réellement agissantes. Le simple fait « d'être » est agissant. Rien n'est anodin. Les synchronicités vont pouvoir se manifester d'autant plus que nous émettrons, en conscience, des énergies et des ondes par nos pensées, par nos intentions, nos actions, notre rayonnement. Nous pouvons également, en conscience, accéder aux ondes et aux informations véhiculées dans nos rêves et nos idéations. Tout cela va venir peu à peu créer notre réalité.

Bien sûr, cela ne se fera pas en claquant des doigts, bien que certains shamans ou magnétiseurs soient capables de manifestations stupéfiantes dans la matière et dans l'instant ! Mais c'est possible. Il faut y croire (c'est le pont d'Indiana Jones), travailler sur sa cohérence et son alignement et souvent ne pas être pressé, car le temps quantique (Kairos) ne se laisse pas commander par notre volonté.

Un mouvement croissant et en accélération

Nous aimons illustrer notre propos par des témoignages, ceux des personnes que nous accompagnons en premier lieu, qui ont leur propre vécu quantique, mais aussi en nous appuyant sur des relais d'information ou des praticiens. La chaine Youtube Tistrya[37] a fait à cet égard, ces dernières années, un travail remarquable de vulgarisation.

L'interview de Laurent Guérison, praticien en soins énergétiques et coach, est particulièrement éclairante. Laurent Guérison explique à quel point il est important de rester centré sur le cœur, cet espace de nous-mêmes à partir duquel nous allons pouvoir créer notre réalité. Ce n'est ni depuis la tête, qui nous amène dans le monde illusoire des pensées, des concepts et de la raison froide, ni depuis nos émotions, qui nous conduisent dans le monde des projections tout aussi illusoires, même lorsqu'elles pourront nous paraitre pures et angéliques. C'est depuis le cœur qui est dans l'instant, dans le temps

---

[37] Nous nous référons ci-après aux interviews de Laurent Guérison, *Vivre l'instant*, Lysia Michèle Brémaud, *Guérir ses peurs*, Marc Auburn, *L'expérience de la réalité*.

présent. C'est depuis le cœur que nous pouvons au mieux et le plus lucidement possible piloter notre vie.

Dans son interview, Lysia Michèle Brémaud, elle aussi praticienne, initiée au chamanisme et reliée à l'énergie christique, illustre à quel point nos pensées sont créatrices et à quel point il est important, pour retrouver notre liberté et notre souveraineté, de sortir des cadres conventionnels auxquels, par habitude ou par peur, nous pensons devoir nous conformer. La réalité est bien plus vaste que ce que nous en percevons et nous en sommes les créateurs.

Quant à Marc Auburn, habitué depuis l'enfance aux voyages astraux et aux sorties hors du corps, il témoigne notamment de la force des intentions que l'on peut percevoir et ressentir lorsqu'on regarde le monde terrestre depuis les espaces éthérés de la conscience. Il parle de la force des intentions, non seulement des humains, mais aussi des plantes. Tout est vivant sur la Terre et nos hiérarchies humaines ne sont que des châteaux de cartes bien artificiels et bien fragiles. La réalité est bien plus ample et la véritable richesse n'est pas matérielle.

Aujourd'hui, le nombre des personnes qui avancent dans la vie en intégrant dans leur quotidien la réalité invisible et ses fonctionnements quantiques ne cesse de croitre. C'est ce que beaucoup nomment l'éveil des consciences et que d'autres expliquent au travers des grands cycles cosmiques et de notre entrée dans l'ère du Verseau.

Quel que soit le nom qu'on donne à cette évolution, et quelles qu'en soient les causes, tout se passe comme si l'humanité commençait, par un double processus individuel et collectif, à accéder à de nouveaux champs d'information. Ils étaient là, mais pas encore accessibles. On ne s'y connectait pas. Cela change. Un mouvement est enclenché et rien ne semble pouvoir l'arrêter. Ce mouvement nous expanse et nous relie les uns aux autres. Plus nous nous autoriserons individuellement à reconnaitre et à expérimenter nos dimensions sensibles (quantiques), alors plus nous nous rencontrons les uns les autres dans ces dimensions par attraction vibratoire (c'est le fameux adage : on attire ce qu'on rayonne), et plus ces dimensions de nous-mêmes deviendront les espaces nouveaux à partir desquels nous pourrons faire émerger, depuis la Terre et sur la Terre, une nouvelle réalité collective.

Ces espaces invisibles et quantiques sont un peu les Amériques du 21ème siècle, un nouvel Eldorado, mais un Eldorado basé sur l'être, le cœur, l'expansion de soi, ainsi que le respect et le partage de nos subjectivités.[38]

Et vous ? À la porte Comprendre le quantique *que pensez-vous, que ressentez-vous, qu'auriez-vous envie d'apprendre davantage ou d'expérimenter ? Comment parleriez-vous vous-même du quantique ?*

---

[38] Pour mieux comprendre le rapport entre le quantique et la conscience, nous vous invitons également à visionner les vidéos de l'ingénieur et mathématicien Jean Gayral que vous pourrez retrouver facilement sur Internet.

Chapitre 4

Le Vademecum de l'activateur quantique

> **Témoignage**
>
> « J'ai toujours cherché à apprendre, j'ai beaucoup lu, j'ai suivi des enseignants, assisté à des colloques et des conférences. Je suis pleine de gratitude pour toutes celles et ceux qui nous informent, qui nous proposent leurs enseignements, même si je ne me sens pas systématiquement en phase. J'ai suivi durant plusieurs années des enseignants pour lesquels j'ai une grande reconnaissance. Puis je les ai quittés un jour et j'ai continué mon chemin.
>
> En fait, j'ai toujours veillé à reconstruire par moi-même et en moi-même ces connaissances qui arrivaient à moi et qui se révélaient en moi. Je n'ai par ailleurs rien accepté qui ne me correspondait pas. En ce sens, je suis fidèle à l'enseignement de Bouddha qui nous dit : *'Ne crois rien que tu n'aies vérifié ou expérimenté par toi-même, pas même ce que dit bouddha'*. Je fais cela pour tout ce qui se joue sur le plan terrestre, mais aussi et surtout sur le plan spirituel. Dans cet espace, j'ai appris à faire confiance à mes sensations et à mes perceptions. Je

m'autorise à les explorer justement parce que je me fais confiance.

Ce fut le cas-la première fois que j'ai entendu des défunts, ou plus exactement que j'ai senti que l'un d'eux tapait à ma porte et qu'il voulait me parler, c'est l'expression que j'utilise lorsque je sens une présence. J'ai eu peur au début, j'ai pensé que je devenais un peu folle. Puis je me suis calmée. J'ai essayé de ne plus entendre. L'impression persistait.

Finalement, j'ai décidé de me faire confiance : puisque ces perceptions arrivaient à moi, je pouvais très bien décider de les explorer. C'est ce que j'ai fait. Et je suis partie à la rencontre de cette dimension-là de moi-même.

C'est par ce travail d'exploration, de retour à moi et de confiance en moi que j'ai élargi progressivement mes perceptions extrasensorielles et ma compréhension, qui reste subjective, de ce qu'est l'être humain, de qui je suis et du potentiel incroyable qui est en nous. » Laurence

Dans le chapitre intitulé *Amour, Beauté et Sagesse : des bases pour la nouvelle civilisation*, nous avons eu l'occasion d'évoquer le *Cercle du samedi* et d'insérer en fin de chapitre, pour inspiration, le texte *Douceur et politique : et si l'amour guidait nos pas ?* Pour mémoire, le *Cercle du samedi* est un groupe informel de citoyens qui se réunissent et échangent autour du rapport entre la nouvelle science (quantique), la conscience (non locale) et la politique, convaincus que la pensée politique mériterait de s'enrichir d'une vision plus large de ce que sont la vie, le vivant, l'être humain et la réalité.

Placer la qualité d'être et de présence au centre

Nous avons souligné qu'une des principales conclusions qui résultent de ces travaux n'est pas de produire de nouvelles idées politiques, mais d'apprendre avant tout et tout simplement à revenir à nous, à notre alignement, à notre qualité d'être et de présence. Être aligné en soi-même est un acte politique. C'est certainement l'acte le plus révolutionnaire que nous puissions poser en ce 21ème siècle, et assurément le plus transformateur pour notre civilisation.

Cela concerne celles et ceux qui ont une responsabilité de *leader*, mais en réalité cela nous concerne toutes et tous. C'est un travail lent, qui se fait dans la relation à l'autre et qui n'est pas toujours facile. S'il est assez facile de trouver son alignement seul, en méditation par exemple, c'est en effet beaucoup plus difficile dans la relation à l'autre qui est forcément différent de nous.

De plus, nous ne sommes pas habitués à cette posture dans la société et dans nos collectifs. D'autant plus que placer la vie et la qualité d'être au centre de nos fonctionnements est perturbant. Cela nous fait entrer dans un autre rapport au temps, à la pensée, à la production, au pouvoir, à la manière dont nous prenons notre place dans le groupe, à notre co-responsabilité dans les dynamiques collectives. Cela met en évidence nos comportements réflexes et nos fragilités. Cela nous oblige à nous transformer et cela ne plait pas toujours à nos egos.

Nos douze propositions quantiques

Il y a quelques années, nous avons travaillé au sein du *Cercle du samedi* sur la notion de « citoyen post-matérialiste ». Nous étions invités à répondre à la question : Qu'est-ce que cela signifie pour moi et quand puis-je dire que je suis un citoyen post-matérialiste ?

Il en a résulté ce que nous avons appelé le *Vademecum de l'activateur quantique*[39]. Il regroupe douze propositions en guise de réponses à cette question. Elles sont très simples. Mais si nous décidons de les mettre en œuvre, elles deviennent puissamment transformatrices. Elles sont à la portée de chacun de nous, et chacun pourra y puiser en fonction de ses préférences. En synthèse, selon nos travaux, je suis un citoyen post-matérialiste lorsque :

1. Je m'aligne.
2. Je développe ma lucidité et mon discernement.
3. J'accueille le chaos, l'inattendu, ce qui est.
4. Je me mets dans la voie du cœur pour intégrer la dualité.
5. Je ne suis pas gentil, je suis vrai (je développe le courage de dire, faire et être).

---

[39] Un Vademecum est un guide que l'on garde avec soi, qui contient des règles d'or et qui sert de repère.

6. J'apprends en toutes circonstances à cocréer les possibles du vivant.
7. Je me relie à tous les règnes du vivant (je régénère le microbiote au sol et en moi).
8. Je regarde et je sais percevoir la beauté du monde.
9. Je me mets à l'écoute des signes, des synchronicités, de l'invisible.
10. Je suis passeurs d'idées dans l'action.
11. Je me connecte à ce qui est pour moi la source, je suis juste.
12. J'écoute le rappel au soi, à la conscience.

Nous sommes la clé de la transformation du monde

Ce que nous souhaitons mettre en lumière en présentant cette réflexion collective, c'est que, consciemment ou intuitivement, nous savons bien que notre travail d'être humain est aujourd'hui d'entrer dans cette subtilité de l'être, à ce degré-là de reconnaissance de la vie en nous, à cette reconnexion au vivant. Et personne ne pourra effectuer ce travail à notre place.

La phrase de Gandhi si souvent citée est évidemment toujours d'actualité : « *Sois toi-même le changement que tu veux voir dans le monde.* » Si nous voulons un monde apaisé, nous devons commencer par nous apaiser intérieurement.

Et nous ne sommes pas obligés d'avoir des supers pouvoirs pour transformer le monde ! Il n'y d'ailleurs pas de supers pouvoirs. Il n'y a que des dons, des talents, des savoir-faire.

Certains s'expriment depuis l'invisible, certains sont très terrestres ou matériels, d'autres relèvent de la relation à l'autre. Tous ont leur légitimité et chacun d'eux est utile.

Tout comme nous avons vu que chacune de nos dimensions a sa place en nous, et qu'aucune n'est plus importante que les autres, nos capacités d'action dans le monde ne sont pas plus importantes, ou moins importantes, que celles les autres. Il n'y a pas de comparaisons à faire. La comparaison est un poison égotique. L'essentiel est que notre action dans le monde soit juste par rapport à nous-mêmes. C'est en étant juste vis-à-vis de nous-mêmes, que nous pouvons au mieux nous ajuster avec les autres, et coopérer en respectant notre propre alignement et celui des autres.

Revaloriser la notion de « service »

Notre responsabilité en tant que citoyen post-matérialiste, puisque tel était le sujet initial de notre réflexion, ou autrement dit en tant qu'activateur quantique, en écho au titre de ce chapitre, est de se mettre à l'écoute authentique de soi-même, puis d'écouter l'interaction que l'on entretient avec le reste du monde. Il n'y a aucune hiérarchie de pouvoir à inventer, mais des complémentarités agissantes à activer. Il en résultera l'émergence d'espaces nouveaux, espaces qui pourront croitre par la coopération, la solidarité, le respect et la bienveillance. C'est une utopie, mais cela sera la réalité de l'Ère de la conscience, ou alors cette ère n'adviendra pas.

À partir du moment où il n'y a plus de hiérarchie, le modèle sociétal ancien basé sur la domination (maitre-élève, sachantignorant...) est remplacé par la notion de *service*. Plus précisément, à un moment donné de mon parcours, j'accepte de m'occuper de telle ou telle activité parce que c'est mon talent, mon engagement, mon service à la vie et au collectif. Ce n'est pas un poste, c'est une responsabilité de service, un *ministère* au sens premier du terme. La seule satisfaction à en tirer n'est pas une reconnaissance de pouvoir, mais le fait d'être au plus proche de ce qui vibre en moi, de mon talent mis au service. Notre être profond en est comblé, parce qu'on est aligné et en expansion. On grandit en verticalité.

Faire notre part de colibri

L'élargissement de notre conscience et l'activation quantique induisent de fait un changement de modèle de société, parce que nous commençons par développer une tout autre manière de nous percevoir dans le monde, parce que nous donnons un autre sens à la vie et à nos vies.

Parviendrons-nous à manifester ensemble ce nouveau paradigme et ce nouveau modèle de société ?

Nous le croyons, même si bien sûr nous ne savons pas le temps que cela prendra. Se mesure-t-il en années, en dizaines ou en centaines d'années ? Vivrons-nous pour cela un changement inédit de ligne temporelle, comme l'évoquent certains ? Peu importe. Nous nous sommes incarnés sur la Terre à ce moment de notre histoire collective et il est de notre responsabilité d'amorcer le virage, de faire notre part de colibri. De nombreux humains sont déjà en chemin et donnent naissance aux prémices d'une nouvelle civilisation. Ils abattent les murs de nos croyances obsolètes. Il faut pour cela du courage et de la foi en quelque chose de plus grand en soi, en son « soi » plus grand que son « moi ».

Comment se repérer dans ce passage ?

À partir du moment où nous allons être de plus en plus nombreux à nous ouvrir à l'invisible, nos anciennes grilles de lecture du monde vont s'effondrer, ce qui commence d'ailleurs à se produire. Inévitablement, de nouvelles vont apparaître qu'elles soient spirituelles, politiques, scientifiques ou autres. Certaines pourront nous paraitre pertinentes, d'autres pas. Il pourra également y avoir des tentatives, conscientes ou inconscientes, de prise de pouvoir, voire des manipulations. De nouveaux prophètes, convaincus de détenir la nouvelle vérité, pourront surgir.

Parallèlement la recherche quantique va inévitablement entrainer de grandes évolutions technologiques qui viendront bouleverser notre vision du monde mais aussi notre perception de la réalité. L'ordinateur quantique, l'énergie libre, l'anti-gravité ne sont que quelques exemples des évolutions possibles à venir. Dans ce contexte, qui croire, qui suivre, comment se repérer ?

Le *cœur* restera toujours notre meilleure et première boussole intérieure. Il permet de s'écouter soi-même et de sentir intérieurement si telle proposition, telle personne, telle compréhension est juste pour moi, ou pas. Et il nous appartient ensuite d'oser se démarquer si on en ressent le besoin.

Puis l'important, selon nous, est de ne remettre notre *souveraineté* à aucun enseignant, ni à aucun enseignement. Cela ne veut pas dire que nous ne ferons pas un bout de chemin avec certains dont nous sentirons qu'ils pourront nous aider à progresser, mais en restant maîtres de nous-mêmes et de notre chemin de vie.

Avec ces deux repères, qui nous renvoient à nous-mêmes et à nos ressentis, il devient possible de naviguer même en période de hautes turbulences et de forts bouleversements.

Ainsi, à l'échelle de l'être, le quantique nous renvoie à notre intériorité, à la qualité d'être, à « l'agir depuis l'être », à notre authenticité. Cette authenticité est une vibration contagieuse qui désamorce les peurs et les émotions lourdes. L'être et l'action se rejoignent. Nous devenons passeurs dans l'action et par notre état d'être.

Quant au plus important, nous rappelle la réalisatrice Sonia Barkallah, spécialisée dans l'étude des expériences aux frontières de la mort, c'est et cela reste « *d'aimer et d'être aimé, et de dire à ceux qui nous sont proches qu'on les aime. Revenir à l'essentiel. Et il n'est pas obligatoire de vivre une Expérience de Mort Imminente (EMI) ou un état modifié de conscience pour se transformer. C'est un appel. Comme s'il y avait quelque chose qui résonnait en nous.* »[40]

---

[40] Source : intervention de Sonia Barkallah lors des *Rencontres Conscience et Citoyenneté* 2021.

☄ *Et vous ? À la porte du* **Vademecum** *de l'activateur quantique, que pensez-vous, que ressentez-vous, que diriez-vous, que répondriez-vous à la question posée en début de chapitre ? Quel est votre propre vademecum ?*

Chapitre 5

Apprendre à désapprendre et construire ses propres repères

> **Témoignage**
>
> « Il y a eu un moment dans ma vie où mon système de croyances a vraiment basculé.
>
> Comme je l'ai dit, je me suis aventuré assez jeune sur des chemins spirituels. J'étais intéressé par différentes traditions. Je me souviens que vers mes 17 ans, j'avais une vision extrêmement radicale sur le matérialisme ambiant, avec son consumérisme, l'absence d'aspiration spirituelle et de sens qu'on donnait à la vie, un sens qui tournait seulement autour de l'importance qu'on donnait à la matière, aux rapports marchands. Au fond, je pensais qu'on ne pouvait s'en sortir qu'en s'affranchissant totalement de ce matérialisme.
>
> Et puis, chemin faisant, nourri de lectures, d'apprentissages et surtout grâce à la rencontre avec un certain nombre de voies qu'aujourd'hui on appelle non-duelles, c'est-à-dire des approches spirituelles qui cherchent à sortir des oppositions et de la dualité (la mienne se situant entre matérialisme et spiritualité) j'ai changé de vision.

> Je me suis rendu compte qu'il y avait des êtres qui pouvaient avoir une vie normale, comme monsieur et madame tout le monde, et être en même temps des personnes complètement animées par ce que j'appelais à l'époque la spiritualité. J'ai réalisé qu'on pouvait être dans la société, qu'on pouvait même essayer de la transformer dans un sens plus ouvert, plus bienveillant, tout en étant complètement animé par l'esprit, sans d'ailleurs se référer à un dogme ou un autre. Ça a été pour moi un choc de croyances qui a guidé toute ma vie.
>
> À partir de ce moment-là, j'ai pu accepter de rentrer dans le monde, de travailler dans des entreprises, de considérer que la vie de famille était un lieu d'apprentissage au moins aussi puissant, voire plus, que d'aller dans un ashram ou un monastère. Ce basculement de mon système de croyances a donné toute une direction à la vie qui est la mienne aujourd'hui. » Ivan

Nous changeons d'ère. Nous passons d'un paradigme à un autre. Nous sommes un peu comme ce trapéziste en plein vol qui va lâcher son trapèze pour se saisir de celui, nouveau, qui se présente à lui. Nous laissons derrière nous tout un système de pensées, de croyances et de représentations au profit d'un autre système en émergence, dont nous avons dit qu'il sera, selon nous, fortement inspiré par la pensée post-matérialiste et quantique. L'humanité est ce trapéziste. Mais chacun de nous l'est aussi. Que décidons-nous de lâcher ? Au profit de quoi ?

Changer nos grilles de lecture du monde

Le passage dans lequel nous nous trouvons nous questionne individuellement sur les repères qui nous ont permis de nous construire et sur ceux que nous allons décider de privilégier dorénavant dans nos vies. Cette phase est prometteuse (puisque du nouveau apparait), mais aussi déstabilisante (il n'est jamais facile de quitter le connu).

Avec ce passage, c'est en fait toutes nos grilles de lecture du monde qui sont et seront bousculées. Il ne s'agit pas seulement de définir le nouveau style de vie que nous allons éventuellement décider d'adopter, mais de requestionner tout ce que nous avons appris à l'école depuis que nous sommes petits et que la société a véhiculé :

- Qu'est-ce que la vie ?
- Quel est son sens ?
- Qu'est-ce que la réalité ?
- Qui suis-je ?…

Précédemment, au terme de la première partie de ce livre, nous avons proposé de faire de ce type de questionnement la source de l'énergie de la transformation.

Nous voulons insister à présent sur le fait que ce questionnement est en réalité vertigineux en termes de changement de représentations, de compréhensions, de connaissances. Car si nous pouvons répondre individuellement à ces différentes questions, et finalement *être d'accord avec nous-mêmes,* nous sommes loin d'avoir des repères communs. Or, pour avancer ensemble à l'échelle de la civilisation, nous allons avoir besoin d'un minimum de repères communs, de grilles de lecture du monde similaires.

Quelques questions vertigineuses à se poser

Lorsque nous sommes en séminaire, nous misons sur le débat pour faire émerger, si ce n'est des repères communs, au moins la multiplicité des points de vue.

Nous commençons par distribuer aux participants une feuille sur laquelle figure une liste de questions. Il s'agit des questions qui nous paraissent les plus essentielles dans le contexte actuel de bascule (vous pourrez bien sûr en trouver d'autres).

Nous demandons ensuite aux participants de prendre quelques minutes de réflexion pour apporter les réponses qu'ils souhaitent. Non pas en argumentant à l'aide d'analyses ou de théories extérieures à eux, non pas en référence à des penseurs, philosophes ou enseignements particuliers, mais en allant chercher en eux ce qu'ils croient vraiment et intimement, ce qui fait sens pour eux et ce que leur dit leur intuition : « Qu'est-ce que mes expériences, mes sensations, mes perceptions me disent en réponse à ces questions ? »

Voici la liste des questions proposées :

1. Qu'est-ce que la conscience ?
2. Suis-je un cerveau qui a produit une conscience ou une conscience incarnée dans un corps ?
3. Ma conscience existait-elle avant ma naissance ? Existera-t-elle après ? Où est-elle ?

4. Comment évolue-t-elle ?
5. Qu'est-ce qu'un champ de conscience ? Qu'est-ce qu'un égrégore ?
6. L'âme existe-t-elle ? L'âme et la conscience sont-elles une seule et même « chose » ?
7. Qu'est-ce que l'éther ?
8. Comment élève-t-on son niveau de conscience ? Qu'est-ce que cette expression signifie ?
9. Pourquoi se met-on à parler d'énergie et de lumière lorsqu'on élève sa conscience ?
10. Comment apparaît la réalité lorsqu'on élève son niveau de conscience ? Qu'est-ce qui change ?
11. Qu'est-ce que l'amour ? A-t-il un pouvoir ? Si « oui », lequel ?
12. Que veut-on dire lorsqu'on dit « ouvrir son cœur » ?
13. Est-il vrai que le temps n'existe pas ?
14. Pouvons-nous vraiment orienter le futur ? Modifier le passé ?
15. Est-il vrai que nos intentions, nos pensées et nos émotions créent la réalité ?
16. Qui suis-je vraiment ?
17. Qu'est-ce que la vie ? Quel en est le sens ? Quel sens ai-je envie de lui donner ?

Le débat : croyances et ressentis associés

Puis nous en débattons. Le débat respectueux est le meilleur moyen de déconstruire et de reconstruire en soi de nouvelles représentations, en cohérence avec nous-mêmes.[41] Il permet une évolution culturelle responsable. Il est toujours d'une grande richesse lorsque notre parole part de l'intérieur de notre être. Il peut aussi être perturbant car il révèle soit :

- à quel point nous sommes le résultat de constructions mentales extérieures à nous-mêmes, même lorsque nous avons derrière nous un long chemin de questionnement, de recherche personnelle et d'introspection ;
- qu'on n'a peut-être pas d'opinion et qu'on ne s'est jamais interrogé sur ces différents sujets ontologiques qui sont pourtant à la base des êtres que nous sommes ;
- que nous avons une opinion mais que nous ne l'avions jamais exprimée parce que nous sentions comme un interdit et que nous nous sommes auto-censurés ;
- que les autres ne perçoivent pas la réalité comme nous, cela peut nous rendre tristes, ou nous mettre parfois en colère.

Mais ce type de débat peut aussi être l'occasion pour moi de réaffirmer « qui je suis » et de mieux me comprendre. Je peux, par exemple, exprimer ma croyance selon laquelle « j'ai l'intime conviction que je suis une conscience qui existe au-delà de la mort physique ». En séminaire, il nous arrive

---

[41] Kurt Lewin, psychologue américain du 20ème siècle, considéré comme un des pères fondateurs des sciences sociales et l'inventeur de la dynamique de groupe, avait montré que le débat en petits groupes est l'une des modalités les plus efficaces pour faire évoluer nos représentations et notre culture collective. C'est aussi un levier d'apprentissage individuel et collectif. Le rôle de l'animateur dans ce type de débat est uniquement de faire circuler la parole, de faciliter les échanges et de mettre en évidence les divergences ou convergences de points de vue.

dans ce cas d'inviter la personne qui s'est exprimée à entrer dans la sensation de cette conviction pour mieux percevoir « ce que cela m'enseigne sur ce qu'est la vie pour moi et sur qui je suis ».

Je peux aussi réaliser et affirmer ma croyance selon laquelle « rien n'existe après la mort physique, c'est le néant ». De la même manière, nous pouvons inviter la personne qui exprime cela à contacter ce néant pour mieux comprendre ce qu'il signifie, la sensation associée, si cette sensation fait sens et ce qu'elle vient enseigner.

L'enjeu de ce type de questionnement et de débat est de revisiter le socle de nos croyances d'un point de vue intellectuel certes, mais toujours en lien avec nos ressentis.

En fait, l'essentiel n'est pas tellement ce que nous croyons, mais l'identification/désidentification à ce que nous croyons et la manière dont la croyance vibre en nous. Cette croyance me met-elle dans un état d'unité, de paix, de joie ? Ou est-ce qu'elle me met en peine, en tension, en colère ? Sommes-nous en plein accord avec telle croyance ? Dans ce cas, cela signifie qu'elle est certainement bonne pour nous. Nous sentons-nous plutôt coincés et limités par telle autre croyance ? Dans ce cas-là, nous pourrons nous interroger sur les raisons de cela.

Pourquoi parlons-nous de croyances ?

Parce que toute pensée repose sur des croyances. Une pensée qui me séduira est une pensée qui vibre de manière juste pour moi parce qu'elle repose sur les croyances qui me correspondent vraiment au stade où j'en suis. Nous nous construisons tous à partir de croyances et il n'est pas toujours facile d'en changer.

Apprendre c'est d'abord désapprendre

« Apprendre c'est d'abord désapprendre » nous disent les spécialistes. Le processus d'apprentissage, qu'il soit individuel ou collectif, passe toujours par une phase de désapprentissage. Entre les deux, il y a un moment qui peut être désagréable. Ce moment correspond à une perte de repères, à cet instant où le trapéziste sait qu'il va devoir lâcher son trapèze sans encore savoir s'il se saisira vraiment du nouveau. Il y a un risque et il peut avoir peur. On peut aussi se sentir désabusé, peut-être avoir le sentiment qu'on a été floué en réalisant que le socle de pensées et de croyances sur lequel nous nous étions construits n'était qu'éphémère et relatif.

Mais le fait que le « ce en quoi on avait cru » s'évanouisse ne signifie pas que tout ce que nous avions appris et cru précédemment était faux. C'était ce à quoi nous avions décidé d'adhérer à un moment donné. Cela a été vrai pour nous dans un système particulier de croyances. Cela nous a été utile puisque cela nous a guidés durant toute une période de notre histoire. Nous sommes seulement en train de faire le constat que cela n'est plus juste pour nous aujourd'hui, compte tenu de nos nouvelles compréhensions, de nos nouvelles aspirations et de nos nouvelles… croyances !

Il n'y a là aucun jugement à avoir, c'est seulement la vie qui passe et qui fait son œuvre, tout comme l'enfant va marcher à quatre pattes avant d'avancer sur ses deux pieds, et ne marchera plus jamais à quatre pattes, sauf peut-être pour jouer. Nous grandissons. Soyons plutôt reconnaissants de ce qui a été et qui a permis notre croissance. Merci au paradigme matérialiste, gardons-en le meilleur, et place à présent à un nouveau paradigme élargi. Lâchons toute peur et tout ressentiment. Nous ne sommes pas à la recherche d'une vérité absolue si tant est qu'elle existe. Nous sommes à la recherche d'un vécu qui, dans l'instant, là où je suis, va m'aider à cheminer dans la vie, à ce moment de l'histoire où nos anciens repères s'effondrent et où de nouveaux apparaissent.

Tout est vraiment relatif

Ce qui est formidable lorsque nous pratiquons le débat sur ces sujets en collectif, c'est avant tout la richesse des ressentis, des compréhensions et des interprétations. Certains se ressemblent d'une personne à l'autre, mais ce ne sont jamais exactement les mêmes. Cela aide à la prise de conscience de la relativité de nos points de vue et de la subjectivité de nos expériences. Ce qui est valable pour l'un ne le sera pas pour l'autre, même si « en gros » on pense la même chose. Cela nous apprend à vivre dans une société plurielle et dans une attitude d'ouverture à l'autre. Nous développons notre capacité à entendre les différences, tout en restant dans un même espace, en cohésion, respectueux et bienveillants.

Cet exercice soulève également (comme c'est le cas dans tout débat d'ailleurs) la question des mots et de la sémantique. Les mots sont nos amis. Ils nous permettent d'exprimer, de verbaliser, d'échanger, d'être en relation. Mais ils nous enferment aussi dans des représentations. On peut tout à fait dire la même chose, mais avec des mots différents, et croire de ce fait que nos avis sont eux aussi différents. Il faudra aller plus loin dans l'échange pour s'apercevoir qu'en fait nous disons et pensons la même chose, avec d'autre mots.

Prenons l'exemple du mot « dieu » et observons comment ce mot résonne pour nous. Certains vont y être réfractaires et préféreront parler de la source, de l'origine, de l'intelligence supérieure, de la grande conscience, de l'Un, du champ quantique unifié, ou alors ne pas évoquer du tout cette notion. Qui aura raison ? Personne dans l'absolu. Ou plus exactement : chacun pour lui-même. Tout est une histoire de subjectivité. Le débat nous apprend cela. Et, de ce fait, il devient une école d'humilité, de patience, d'apprentissage et de tissage progressif de son lien à l'autre.

On pourra aussi s'apercevoir qu'il y a parfois entre nous de véritables divergences de perceptions. Il se trouve que les groupes avec lesquels nous travaillons sont constitués de personnes qui se reconnaissent dans la vision que nous développons dans ce livre. Pour autant, elles sont loin de partager exactement les mêmes perceptions et représentations.

Il est également possible de faire ce type d'exercice avec des personnes qui ne partagent pas du tout notre vision. Un tel débat peut devenir alors un temps formidable d'écoute et de reconnaissance de l'autre très différent de moi, et qui parle pourtant de sa dimension profonde. C'est une chose qui ne se fait malheureusement pas dans notre société, *a fortiori* sur les thèmes dont il est ici question. Il n'y a aujourd'hui aucun espace sociétal pour se poser ensemble ces questions de manière non dogmatique, sans références à telle ou telle idéologie intellectuelle, religieuse ou autre. Nous allons pourtant avoir besoin de tels espaces si nous voulons cheminer en cohérence, dans la reconnaissance de ce qui nous relie et du respect de nos différences. Nous aurons besoin de ces espaces où nous pourrons être entendus et reconnus dans nos compréhensions, et où nous entendrons et reconnaitrons l'autre dans les siennes.

Il y a bien d'autres sujets de débat...

Pour finir cette réflexion collective en séminaire, nous l'ouvrons sur d'autres questions tout aussi essentielles selon nous, dont certaines pourraient être ô combien sources de dissensions à l'avenir :

- Est-il vrai qu'il est possible de parler aux défunts ? Si « oui » comment expliquer cela ? Si « non », pourquoi ?
- Les anges existent-ils ? Si « oui », qui sont-ils ? Avons-nous tous un ange gardien ?
- L'esprit peut-il transformer la matière ? Comment ?
- Est-il vrai que l'univers est très peuplé ? Si « oui », comment sont les êtres qui habitent dans d'autres galaxies que la nôtre ? Nous ressemblent-ils ou sont-ils différents ? Sont-ils bons ou violents ?
- Comment est apparue la vie sur la Terre ?
- Est-il vraiment possible que des civilisations technologiquement et/ou spirituellement très avancées aient existé sur la Terre avant la nôtre, puis aient disparu ?

- Qu'est-ce que la Connaissance pour vous ?

Mais gardons ces dernières questions et les débats qu'elles soulèvent pour plus tard (elles s'inscrivent plutôt dans l'esprit de la troisième partie de ce livre) et terminons ce chapitre sur un dernier constat qui nous réjouit.

Nous constatons avec plaisir, lors des débats, que quasiment personne n'amène dans l'espace collectif des explications en référence à telle ou telle tradition spirituelle ou religieuse, à tel ou tel système idéologique. Chacun parle vraiment de manière dépouillée depuis son centre. Nous sommes très heureux de créer les conditions de cette autorisation que les participants se donnent à eux-mêmes, car c'est fondamental pour nous. Nous-mêmes sommes bien sûr influencés par certaines traditions et par les enseignants que nous avons suivis, mais nous veillons à nous en affranchir pour parler depuis la conscience simple que nous avons de notre « je ». Les participants font cela aussi. C'est comme un retour à l'essentiel pour mieux retrouver notre équilibre, notre vérité intérieure et finalement notre grandeur.

Et vous ? À la porte Apprendre à désapprendre et construire ses propres repères *que pensez-vous, que ressentez-vous, que diriez-vous sur ce sujet, que sentez-vous qu'il est l'heure peut-être de lâcher, quels nouveaux repères avez-vous envie d'explorer ? Comment les formuleriez-vous ?*

Chapitre 6

Les quatre forces actives sur son chemin d'évolution

> **Témoignage**
>
> « Je l'ai déjà dit, j'ai vécu à 36 ans une expérience de sortie hors du corps qui m'a profondément marquée. Je me suis retrouvée dans un espace d'amour et de lumière. Une phrase ne cessait de résonner en moi et autour de moi : tout est amour, tout est lumière dans ce monde. Cette expérience m'a ouvert la porte sur des dimensions nouvelles de la vie.
>
> Parmi les mémoires qui se sont réveillées en moi à la suite de cette expérience, il y avait un rêve que je faisais lorsque j'étais très jeune, vers l'âge de 5 ans. C'était en fait le rêve de ma vie, le rêve de mon âme, le rêve de mon monde terrestre idéal pour reprendre la formulation de l'exercice proposé dans ce chapitre. Dans ce rêve, un être, que je pourrais qualifier d'être de lumière, me racontait et m'expliquait ce que mon chemin de vie allait devenir. Il me disait aussi que j'allais tout oublier, mais que la mémoire me reviendrait progressivement.
>
> Ce rêve, je l'ai écrit plus tard. Le manuscrit a trouvé un éditeur presque 20 ans après sa rédaction, en 2020. Il s'intitule *Le Rêve*

de Réto[42]. L'histoire relate la rencontre d'un enfant, un jeune spirien, habitant de Spire, une planète d'une autre galaxie, et de Sophie, une toute jeune terrienne. L'action se déroule au pays des rêves. Je ne vais pas en raconter plus dans ce court témoignage. J'ajouterai seulement que mon rêve est en fait un rêve pour l'humanité. Non pas que je sois à moi seule l'humanité, mais mon rêve est à son service.

Nous sommes très nombreux aujourd'hui à faire ce rêve, ou un rêve proche, un rêve pour l'humanité, le rêve du saut quantique de l'humanité, le rêve de la réussite du passage, le rêve de parvenir individuellement et collectivement à grandir en conscience pour entrer dans ce que nous appelons l'ère de la conscience, que certains appellent l'ère du Verseau, la Nouvelle Terre, ou tout simplement un monde plus conscient et plus respectueux du vivant.

C'est un rêve d'enfant et pour les enfants bien sûr, pour nos enfants intérieurs, pour les enfants d'aujourd'hui et ceux de demain. C'est aussi un rêve de grands. C'est avant tout un rêve d'amour pour la Vie. J'ai compris que mon chemin de vie est de contribuer à cette histoire collective-là. Somme toute, à mon échelle, c'est ce que je fais aujourd'hui dans la vie. Je vis dans mon rêve, je vis mon rêve. » Laurence

---

[42] *Le rêve de Réto*, Laurence Baranski, Éditions Libre2Lire, 2020.

« *La métamorphose est terrifiante pour la chenille, mais le processus de métamorphose est émerveillant. Et si nous apprenions à porter un regard plus vaste sur ce que nous vivons, sur ce que vivent les humains, l'humanité, la Terre ? Un regard émerveillé, nourri de joie intérieure. L'émerveillement à chaque instant. Et si nous restions reliés à nous-mêmes et à la vie ?* »[43]

Décidons de porter sur nos vies ce regard émerveillé comme nous y invite la médecin en soins palliatifs et auteure Constance Yver-Elleaume, et allons à présent nous reconnecter aux quatre forces qui animent notre chemin d'évolution :

- la force de notre idéal ;
- la force de l'incarnation ;
- la force de l'autorisation ;
- et enfin la force de l'unification.

Pour ce faire, nous avons construit ce chapitre à nouveau comme un exercice auquel nous vous invitons à participer. Nous espérons que vous en retirerez des enseignements utiles pour vous-même.

Commençons. Imaginez que vous prenez la posture de l'aigle. Pour cela, vous pouvez tout d'abord faire le calme en vous. Puis entrer profondément en contact avec vous-même, et imaginer à présent que vous prenez de la hauteur. Vous êtes

---

[43] Source : webconf. *Réussir le passage* de Constance Yver-Elleaume, 2021.

ancré en vous, sur Terre, et vous pouvez voler dans le Ciel, très haut. Vous êtes en bas, ici et maintenant, et en haut à la fois.

De là, c'est comme si une partie de vous allait pouvoir regarder le film de votre vie depuis un autre endroit de vous-même. Votre conscience est élargie. Votre vision est plus vaste, plus globale.

Dans cet état, à la fois ancré et élevé, nous allons vous inviter à réaliser un parcours en quatre étapes, un parcours initiatique au sens premier du terme « initiation », qui signifie « commencement ». Ce parcours est comme un bilan pour un nouveau départ. À chaque étape, vous allez pénétrer dans un nouvel espace de vous-même. Pénétrez-y avec la conscience que cet espace est sacré, relié à votre moi plus vaste, celui qui est unifié. Et imaginez que chacun des quatre espaces par lesquels vous allez passer est porteur d'une énergie vitale, la vôtre.

Votre monde terrestre idéal et la force de votre idéal

Le parcours qui commence part de l'espace de votre monde terrestre idéal. Cet espace contient vos rêves de manifestation sur la Terre, ceux qui sont peut-être en vous depuis que vous êtes enfant, tous ceux que vous avez déjà réalisés et surtout ceux que vous n'avez pas encore accomplis, vécus, expérimentés, découverts. Il y a là tous vos rêves qui restent à réaliser dans votre futur, pour vous, vos proches et le monde. Cet espace est à l'image du script idéal et parfait de votre vie à partir de maintenant. Il est chargé de vos plus belles intentions. Il vous réjouit.

Dans cet espace, vous pouvez ressentir l'énergie de vos rêves, les visualiser, vous imaginer en train de les réaliser. Entrez pleinement dans cette vie que vous aimeriez déployer, expanser, avec les talents que vous aimeriez révéler pour les mettre au service du monde, de la réalisation de votre être profond et de votre épanouissement. Cet espace correspond à ce qu'on appelle le *rêve de notre âme* ou notre *mission de vie*, c'est-à-dire la réalisation de ce qui nous rendrait le plus heureux sur cette Terre.

À quoi ressemble votre monde terrestre idéal, que contient-il, vers quoi vous mène-t-il ? Vous pouvez prendre quelques minutes pour vous imprégner de ce monde terrestre et laisser agir en vous la force positive et constructive de votre idéal.

Et là, imaginer que résonne le son d'un bol tibétain. Vous allez changer d'espace non sans emporter avec vous les idées, images, intuitions qui seront venues à votre esprit, ainsi que la force de ce monde terrestre idéal, monde que vous laissez à présent derrière vous, non sans en prendre avec vous la force.

Votre monde terrestre actuel et la force de l'incarnation

Vous entrez à présent dans votre monde terrestre actuel, lui aussi sacré. C'est l'espace de vos réalisations terrestres, de vos épousailles avec la matière, de votre rencontre avec le monde incarné et manifesté. C'est en même temps celui de la confrontation avec la matière, celui des obstacles, des contraintes, des freins, des impasses. Mais il y a aussi toutes vos belles réalisations passées et toutes les opportunités qui peuvent se présenter.

Notre monde terrestre actuel est un champ vibratoire densifié, pas toujours léger. Il est fait de toutes nos constructions mentales, émotionnelles et culturelles, celles avec lesquelles nous arrivons sur Terre, mais aussi toutes celles que nous recevons de la société, de la famille et de notre lignée, de l'époque dans laquelle nous vivons, de la région où nous sommes nés. C'est un champ que nous allons parvenir à harmoniser, ou pas, avec notre monde terrestre idéal, que nous allons parvenir à ajuster ou pas. C'est avec lui que nous négocions pour trouver notre chemin de réalisation.

Vous pouvez, là encore, prendre quelques minutes pour vous imprégner de votre monde terrestre actuel et visualiser ce que vous y avez déjà accompli, mais aussi ce qui vous bloque, vous freine pour accomplir vos rêves. Laissez venir à vous les informations. Comment ce monde s'ajuste-t-il avec votre monde rêvé ? En est-il proche ? Éloigné ?

La confrontation entre ces deux mondes, l'idéal et l'actuel, n'est pas à l'extérieur de vous, elle est en vous. Comment parvenez-vous à tenir ces deux mondes ensemble ? Est-ce confortable ? Si elle existe, pouvez-vous réduire la tension entre ces deux mondes, l'avez-vous déjà réduite en partie ou en totalité ? Observez, ressentez la force de l'incarnation en vous.

Et là, imaginez que résonne à nouveau le son d'un bol tibétain. Vous allez changer d'espace non sans emporter avec vous les idées, images, intuitions que vous venez de collecter et la force de ce monde terrestre actuel, ce monde que vous laissez à présent derrière vous.

L'espace de vos ressources et potentialités et la force de l'autorisation

L'écart entre notre monde terrestre idéal et notre monde terrestre actuel est le reflet de la tension dynamique qui existe entre nos rêves et ce que considérons être notre réalité. C'est cette tension qui va nous permettre de nous mettre en mouvement. Nous avançons dans la vie en espérant toujours réduire un peu plus cet écart. Et c'est possible bien sûr. Mais pour cela, nous avons besoin d'aller visiter un autre espace : celui de nos ressources et potentialités. Les ressources et les potentialités du grand être que nous sommes, même si nous n'en avons pas conscience. Entrez à présent dans cet espace, tout aussi sacré, celui de vos ressources et potentialités.

Il y a dans cet espace vos talents et vos envies profondes, des envies que nous contactons très souvent dans la petite enfance lorsque nous ne sommes pas encore trop formatés et que nous sommes ouverts au sensible. Il y a aussi un réservoir d'énergie considérable qu'il s'agit de libérer, de s'autoriser à libérer.

Mais commencez déjà par contacter cette énergie et tous vos talents associés, vos compétences de vie. Amplifiez cette énergie. Ressentez la fierté en vous d'être si riche de talents, en capacité de créer, d'agir. C'est grâce à cette énergie que vous allez pouvoir effectuer un rebond, réduire l'écart, avancer vers votre idéal avec plus de fluidité. Grâce à cette énergie, qui est en vous, vous allez dissoudre les freins et les obstacles.

Vous connaissiez peut-être déjà toutes ces potentialités qui sont les vôtres, ou vous pressentiez seulement qu'elles étaient à portée de vous. Vous êtes peut-être en train d'en découvrir de nouvelles. Imaginez que vous vous autorisez à les utiliser, toutes, pleinement. Puisez dans cet espace l'audace dont vous avez besoin. Laissez la force de l'autorisation agir en vous.

Prenez ce temps.

Et là, à nouveau, imaginez que résonne le son d'un bol tibétain. Vous allez changer d'espace non sans emporter avec vous les idées, images, intuitions et énergies que vous venez de collecter dans l'espace des ressources et des potentialités, ainsi que la si précieuse force de l'autorisation.

L'espace et la force de l'unification

Vous entrez maintenant dans le dernier espace de ce parcours initiatique. Les trois premiers espaces sont toujours là, vous pouvez les voir depuis votre dimension « aigle ». Mais laissez-les, car vous allez maintenant investir l'espace de votre unification.

Vous pouvez à présent réaliser la synthèse des informations que vous avez collectées. Comment aligner votre monde terrestre actuel à votre monde terrestre idéal, avec quelles ressources, en déployant quels talents, en osant quoi ? Quel sera votre prochain pas, celui qui vous réjouira ?

Prenez le temps de cette synthèse. Elle pourra ensuite se matérialiser dans des décisions de vie importantes, dans le lancement de nouveaux projets, dans des changements d'activités, de relations, de lieu de vie, d'état d'esprit.

Un travail personnel relié aux autres

En séminaire, les participants vivent ce parcours en silence et en mouvement dans l'espace scénarisé, en prenant leur temps. Vous pourrez le reproduire en méditation s'il vous inspire. Son intention est de redynamiser nos énergies en réactivant en nous les quatre forces vitales qui sont celles de l'idéal, de l'incarnation, de l'autorisation et de l'unification. Ne les laissons pas dormir. Ce sont ces forces qui nous mettent en mouvement et nous permettent de manifester ce que nous sommes venus faire sur la Terre.

Une telle démarche est certes personnelle, mais elle est loin d'être égoïste là encore. À partir du moment où nous renforçons la connexion à notre être profond et à notre dessein de vie, nous en bénéficions bien sûr directement, mais nous en faisons aussi bénéficier les autres. Nous leur offrons le meilleur de nous-mêmes. Notre plus grande joie en tant qu'être humain est toujours d'apporter notre pierre au bien-être de la collectivité, de mettre nos talents au service de l'autre. C'est dans la coopération que nous trouvons durablement le véritable sens de notre vie. Même les neuroscientifiques nous apprennent que la coopération active la joie dans notre cerveau (par une production de sérotonine et de dopamine notamment) et que les personnes qui coopèrent sont fondamentalement plus heureuses que celles qui ne coopèrent pas.

Lorsque nous sommes reliés à nous-mêmes, rien ne nous réjouit davantage que de partager. À ce niveau de conscience et d'unification intérieure, nous savons et nous ressentons que nous sommes interconnectés, que nous ne faisons qu'un avec les autres, tous les autres. Nous accédons à la conscience de l'*Allos ego* (l'autre moi-même) des Grecs ou encore à l'*In Lak'ech* (je suis toi et tu es moi) des Mayas.

Et vous ? À la porte Les quatre forces actives sur son chemin d'évolution, *que ressentez-vous ? Au terme de ce parcours, quels enseignements en retirez-vous pour vous-même ? Quel sera votre prochain pas de manifestation, de réalisation ?*

Chapitre 7

S'entraider à grandir en Sagesse

> **Témoignage**
>
> « Il y a quelques années j'étais au Brésil, au sein d'une communauté humaine qui cherche à installer une harmonie entre les différents règnes humain, animal, végétal, minéral.
>
> Pendant plusieurs jours, nous avons fait tout un travail de mise en résonance des besoins de chacun de ces règnes, mais aussi en coopération avec les règnes invisibles, c'est-à-dire avec des êtres qui se présentaient à nous. Il se trouve qu'il y avait dans notre petit groupe une personne qui était canal et qui avait la capacité de capter des messages de la part de ces êtres, habitants invisibles de ce lieu.
>
> Durant plusieurs jours, nous avons cherché à écrire une charte de respect mutuel sur ce lieu en intégrant la reconnaissance des besoins des animaux, des végétaux, des minéraux, des humains et des êtres invisibles. Ces derniers nous donnaient des recommandations parfois très précises sur des constructions, leur orientation, la manière d'être en relation avec eux. Il y avait dans ce travail et dans nos intentions une forme de sagesse car nous cherchions l'équilibre, la complémentarité.
>
> Cela a été un moment extraordinaire qui nous a permis tout d'abord d'acter que l'être humain n'est pas le seul occupant

> des lieux sur la Terre, et que les autres règnes ont autant de besoins que l'être humain. Et ensuite d'établir un dialogue entre les plans et les règnes.
>
> J'ai ressenti tout au long de ce travail une très grande joie, une sorte de jubilation même, comme si l'être humain était à la fois remis à sa place, pas plus que les autres, mais prenait en même temps une très grande importance liée à son rôle de régulateur. Cela a été pour moi une expérience assez fondatrice dans la compréhension pratique que je pouvais avoir de ce que les nouvelles communautés humaines pourront faire avec le vivant, à l'avenir. »[44] Ivan

« Comment se fait-il, nous questionnait en 2022 Alain Eskenazi, fondateur de Olam, un espace de rencontres autour de la quête de sens et du retour à soi, *que tous les matins, au réveil, nous ne nous émerveillions pas davantage de la beauté et de la création qui nous entourent ? Je suis convaincu qu'il est possible de créer et d'entreprendre dans cet état d'esprit-là, tout en préservant une véritable humilité et en refusant de se prendre au sérieux. C'est cela le passage : mettre la quête*

---

[44] L'expérience évoquée par Ivan se déroule au Brésil. Elle pourrait être ailleurs dans le monde. Les Islandais par exemple sont eux aussi très sensibles aux êtres invisibles qui vivent dans la nature. Leur nom générique est Huldufólk, un terme qui regroupe les elfes, les trolls, les nains, les fées, mais aussi les esprits qui se trouvent là. On peut voir dans certains endroits de l'ile des petites maisons dédiés à ce « peuple caché ». Certains diront qu'il ne s'agit que de folklore. D'autres qu'il s'agit tout simplement de reconnaissance, de sagesse et de respect pour la vie invisible avec laquelle nous sommes invités à coopérer et évoluer.

de sens au centre de notre action, et faire le lien entre cet éveil de conscience et une action au sein de la société, au service et à l'écoute des autres, en harmonie avec le Ciel et la Terre. »[45]

Oui, comment se fait-il que nous ne nous émerveillions pas davantage de la vie ? Et oui, il est possible d'entreprendre dans cette conscience et cet état d'esprit. Plus nous serons nombreux à œuvrer en ce sens, plus cela fera tache d'huile. Et si certains d'entre nous doutent ou hésitent, nous pourrons toujours nous aider à grandir en Sagesse. La démarche de codéveloppement peut s'avérer pour cela très utile.

Du champagne et des paillettes

Le codéveloppement est une technique qui permet de s'entraider en petits groupes. C'est une manière de mettre en œuvre l'intelligence collective, cette forme d'intelligence que nous avons déjà évoquée et qui s'est beaucoup développée ces dernières années dans les entreprises, mais aussi dans les associations, les institutions et les mouvements citoyens.

Le codéveloppement part de constats simples : aujourd'hui il est impossible de tout savoir et de tout résoudre seul[46]. On en sait plus à plusieurs et nous pouvons bénéficier utilement du regard des autres.

---

[45] Sources : webconférence *Réussir le passage* de Alain Eskenazi, 2022.
[46] Même si aujourd'hui l'IA nous permet d'avoir une vision immédiatement synthétique quel que soit le sujet, nous n'en avons pas l'expérience dans la matière, nous n'en avons pas intégré l'expérience sur nos différents plans.

Le codéveloppement est né au Canada de deux inventeurs aux noms prédestinés : Claude Champagne et Adrien Payette. Prédestinés car une séance de codéveloppement est effectivement toujours pétillante et éclairante.

La séance se déroule généralement de la manière suivante. Une personne du groupe va exposer un problème qu'elle rencontre (ou une question qu'elle se pose) et demander aux autres un éclairage sur son problème (ou sa question). Le but pour elle est de trouver de nouvelles idées de résolution, une autre manière d'observer et d'analyser sa situation et peut-être des pistes concrètes pour agir.[47]

L'ensemble se déroule dans la bienveillance, l'écoute et le non-jugement. Les participants sont là pour s'éclairer mutuellement et pour grandir ensemble.

En séminaire, nous reprenons les principes du codéveloppement en les élargissant. Plus précisément, nous y intégrons nos dimensions sensibles, subtiles, invisibles et quantiques, et nous nous retrouvons dans ce que nous avons appelé des *Cercles en sagesse*. Posons le décor avant d'en évoquer les bénéfices.

Se faire le cadeau d'être soi, parmi les autres

Imaginez que vous êtes dans un petit groupe de pairs, en cercle. Vous venez d'explorer vos différents mondes intérieurs

---

[47] Le ou les animateurs assurent la régulation de la séance de codéveloppement selon des modalités précises que vous pourrez retrouver facilement sur différents sites web à partir du mot clé « codev ».

(terrestre-idéal, actuel-incarnation, ressources-autorisation, unification). Vous avez commencé à identifier comment vous pourriez vous rapprocher de votre idéal, mais il vous reste tout de même quelques questions ou quelques doutes.

- Est-ce que j'ai vraiment raison d'oser aller dans cette direction ?
- Est-ce que je ne suis pas en train de me faire des illusions ?
- Est-ce que je ne suis pas un peu prétentieux ou naïf de penser que je pourrais en être capable ?
- Comment puis-je faire compte-tenu de mes responsabilités et de mes engagements actuels vis-à-vis des autres ?
- J'ai envie mais j'ai tout de même un peu peur de me lancer. Comment faire ?

Voilà pour les questions que chacun pourrait avoir envie de soumettre pour gagner en assurance. Avant de passer à l'éclairage que les autres pourront apporter, prenons le temps d'être bien présents à nous-mêmes. Prenons le temps de réactiver nos cinq dimensions, de nous connecter aux plus hautes dimensions de nous-mêmes, de ressentir en nous le rêve de notre âme et toutes ses potentialités. Prenons le temps de laisser passer toutes les pensées et les émotions agitées s'il en reste. Tout s'apaise en nous et nous sommes à présent centrés, connectés, dans notre espace unifié de paix intérieure.

Depuis cet espace, nous allons pouvoir exposer en douceur, si nous le souhaitons, nos doutes, nos fragilités et nos questions. Et nous allons accueillir, avec tout autant de douceur, les doutes, les fragilités et les questions de nos pairs, qui sont tout comme nous des êtres humains en chemin, à la rencontre d'eux-mêmes, dans un processus initiatique, à l'échelle de la vie.

Nous savons que nous pouvons être totalement nous-mêmes dans ce cercle sacré. Nous savons aussi que nous pouvons, en étant pleinement nous-mêmes, livrer notre questionnement sans crainte ni gêne. Et que chacun nous renverra ce qu'il perçoit depuis son cœur, sans injonction, sans certitude, seulement dans une intention de soutien bienveillant. Nous allons nous entraider à grandir ensemble, dans nos dimensions visibles comme invisibles, dans la conscience de notre multi-dimensionnalité d'êtres en quête de leur vérité et de leur bonheur intérieur, celui que chacun souhaite ressentir et manifester dans le monde.

Grandir ensemble...

Ces temps de partage sont toujours infiniment touchants et réellement aidants. Les autres nous aident à nous révéler à nous-mêmes, à lever nos barrières, à faire tomber nos croyances, à nous voir plus grands et lumineux que nous ne nous le permettons nous-mêmes.

De ce fait, nous nous autorisons à nous percevoir, non pas seulement comme des êtres de chair en quête de plus de légèreté et de lumière, mais comme des êtres lumineux et spirituels venus faire une expérience sur Terre, comme le formulait le scientifique et homme de foi Pierre Teilhard de Chardin.

Nous sommes ensemble, sur la Terre, dans cette pièce, dans ce cercle, à la fois des personnes incarnées et des êtres quantiques, subtils, vibratoires. Des émetteurs d'amour depuis le cœur et des récepteurs de ce même amour. Et que cela fait du bien !

... en sagesse

À l'expansion de l'amour s'ajoute aussi, dans ce partage, ce quelque chose en nous qui entend, comprend, et intègre ce qui se dit au-delà de la dualité. Nous travaillons *avec* et *dans* le duel, nos questions et nos doutes en sont le reflet. Nous savons que sur la Terre tout est ombre et lumière, que tout n'est pas toujours simple, que tout n'est pas que succès.

Mais, à présent, il y a aussi l'acceptation d'un dépassement possible. Nous sommes capables d'intégrer des vérités contradictoires, de dépasser nos croyances limitantes. Les autres nous aident à cela, en toute simplicité.

C'est la raison pour laquelle il est très important de démarrer ces moments de partage par une connexion de chacun à lui-même, à son guide intérieur qui ne juge pas, qui est sage. Notre guide est cette partie de nous connectée, qui parle à travers nous lorsque nous partageons nos questions, nous demandons de l'aide, ou que nous faisons à l'autre un retour.

Durant tout ce travail, on peut ressentir qu'il se passe énergétiquement quelque chose au-delà du seul cercle physique que nous formons. Nous nous sentons accompagnés par de belles énergies, de belles consciences, des êtres aidants, des guides,

des anges, chacun utilisera les mots qu'il souhaite. Nous créons comme un canal d'énergie et de lumière entre le Ciel et Terre. Nous régénérons le sacré, non pas en faisant référence à telle ou telle tradition extérieure à nous, mais en partant tout simplement de notre vérité intérieure. C'est une démarche spirituelle libre et non dogmatique. Elle est aussi laïque et sociétale, car les sujets abordés s'inscrivent de plain-pied dans la société.

Demain, peut-être, certainement, nous nous réunirons ainsi, à toutes les échelles de gouvernance, qu'elles soient locales, nationales ou internationales. Les nouveaux paradigmes nous y invitent. Ils invitent à la Sagesse. Elle ne peut naître puis se répandre qu'à partir de nous-mêmes. Nous pouvons la faire grandir ensemble.

Et vous ? À la porte S'entraider à grandir en Sagesse, *que pensez-vous, que ressentez-vous, que diriez-vous ? Qu'aimeriez-vous trouver pour vous-même dans un cercle en sagesse ?*

Être un activateur quantique
Ce que cela change

Ce qui change lorsque nous agissons à partir d'un champ d'information et d'énergie plus vaste que notre conscience ordinaire, c'est que nous sortons d'un monde enfermant et décentré de notre essence profonde, pour entrer dans un monde en mouvement qui prend appui sur la Vie et sur notre essentiel. **Nous ne subissons plus la transformation, nous la générons, nous lui donnons du sens et une direction.**

Cela est possible car :

1. Nous reconnaissons, apaisons et expansons nos cinq dimensions (physique, intellectuelle, émotionnelle, spirituelle, holistique). Nous savons qu'elles sont toujours présentes en nous, et que notre travail est de les équilibrer, de les harmoniser et de leur permettre de se déployer pleinement.
2. Nous apprenons à rester connectés à nous-mêmes, à notre Soi, à notre centre, instant après instant. Nous savons que nous sommes des capteurs et des émetteurs d'énergies créatrices, réparatrices et bienfaisantes. Nous laissons ces énergies circuler en nous et autour de nous depuis notre cœur. Nous contribuons ainsi à notre bien-être et à celui des autres.
3. Sans nous prendre pour des scientifiques (sauf si nous le sommes), nous nous autorisons à élargir notre imaginaire et nos perceptions, inspirés par l'univers quantique dont nous

pressentons qu'il est celui de nos dimensions invisibles, subtiles et de notre conscience. Ici, tout ou presque devient possible.
4. Nous en déduisons des principes d'action pour nous-mêmes et des règles d'or simples (l'importance de rester aligné, garder en tête le pouvoir transformateur de nos intentions...), qui sont autant de petits pas qui nous permettent de progresser individuellement et collectivement dans l'ère de la conscience, sur la Terre, et de cocréer ensemble une autre réalité.
5. Nous savons que les croyances et les connaissances des humains sont très relatives. Nous écoutons nos différences, nous les acceptons et nous redéfinissons peu à peu nos propres repères dans le monde, en nous appuyant sur nos compréhensions intellectuelles mais aussi sur nos expériences et nos ressentis. En faisant cela, nous donnons vie au nouveau paradigme post-matérialiste et peu à peu à une nouvelle réalité.
6. Nous alignons progressivement notre réalité terrestre avec notre idéal et, chemin faisant, nous réalisons le rêve de notre âme dont nous acceptons la simplicité tout autant que la beauté et la puissance, au service de nous-mêmes et de l'humanité.
7. Nous nous entraidons à grandir en sagesse dans le respect et la reconnaissance de notre multi-dimensionnalité, dans le visible comme dans l'invisible. Nous écoutons l'être sage en nous. Nous parlons à l'autre depuis cette sagesse en nous.

En faisant tout cela, nous amplifions notre force intérieure et notre confiance en nous, et nous orientons notre mouvement dans la direction à laquelle notre être profond aspire, celle du partage, de l'amour et du vivant.

Notre conscience toujours expansée, et conscients de cette capacité transformatrice qui est la nôtre, passons à présent à la troisième et dernière étape de ce livre.

Partie III
S'ouvrir à notre conscience galactique

" La Sagesse, c'est l'équilibre entre les mondes. "

Nous entrons dans la troisième et dernière étape de notre voyage, et avec elle dans l'Univers et ses galaxies. Une étape cosmique qui va nous permettre de mieux revenir à notre galaxie intérieure, tout cela depuis notre planète, la Terre, qui nous accueille et sur laquelle nous évoluons.

Nous allons à nouveau ouvrir sept portes subtiles. Nous espérons que vous aimerez les espaces qui se déploient au-delà d'elles, mais surtout que vous pourrez laisser vibrer en vous les enseignements qui vous seront utiles.

Dans cette troisième partie, encore plus que dans les deux précédentes, nous vous invitons à vous connecter aux dimensions les plus lumineuses, apaisées et confiantes de vous-mêmes.

Lorsque nous sommes en séminaire, nous veillons tout particulièrement à être connectés à ces dimensions. Nous demandons également la protection du lieu et des êtres lumineux qui y évoluent, et nous nous assurons, par la force de nos intentions, que nous sommes toutes et tous protégés dans notre bulle de lumière. Nous invitons les participants à imaginer et à créer leurs propres bulles de protection s'ils le souhaitent. Ce protocole nous permet de cheminer individuellement et collectivement tranquillement, sans crainte d'être parasités par des vibrations plus lourdes. Ainsi, nous avançons légers et nous pouvons nous connecter au vivant bienveillant qui se déploie en nous et autour de nous, avec tranquillité et en toute confiance intérieure et extérieure.

Ces précisions nous semblent particulièrement importantes en introduction de cette troisième partie consacrée à l'univers galactique, une partie qui va aborder des sujets auxquels les uns et les autres nous sommes plus ou moins préparés, plus ou moins réceptifs, vis-à-vis desquels nous sommes plus ou moins enthousiastes et qui demanderont pour certains un temps de questionnement et de positionnement plus important.

Nous pensons quant à nous que ces sujets font partie des questionnements à susciter collectivement dans le cadre de notre entrée dans l'Ère de la conscience. Réussir le passage passe aussi par un éclairage de ces sujets, c'est notre conviction. Nous y apportons notre contribution, à notre mesure. Laissez-vous à présent guider sous le ciel étoilé, toujours dans le champ de la conscience élargie, à votre rythme et à l'écoute de votre vérité intérieure.

Chapitre 1

Voyage dans les galaxies

Témoignage

« Quand j'avais 5 ans, j'avais un livre que j'adorais. C'était un livre d'images qu'il fallait coller. On les trouvait dans les tablettes de chocolat d'une marque très connue. J'aimais le chocolat, mais surtout ses images. J'adorais les coller aux bons endroits du livre. J'étais fascinée par celles qui représentaient l'Univers et ses galaxies. Grâce à elles, j'entrais dans un monde totalement différent, merveilleux, sublime, sans limites. Je voyageais. Je rêvais. Je m'évadais. Puis j'ai grandi. Mais j'ai gardé ce souvenir magique en moi.

Il y a quelques années, j'ai souhaité retrouver ce livre. Je n'avais plus le mien. J'ai cherché sur Internet et j'ai trouvé un exemplaire d'occasion. Et là, quelle ne fut pas ma surprise : il n'y avait pas que des images de l'Univers dans ce livre, mais des images de tout ce que les sciences d'alors comptaient comme nouveautés. L'Univers, ses galaxies, ses étoiles et ses planètes n'y occupaient qu'une place modeste. J'ai réalisé que, lorsqu'on est enfant, on peut faire d'une toute petite partie du réel un tout infiniment vaste. Les grands d'ailleurs ne font pas autre chose. En tout cas, cette partie-là de ma réalité avait occupé un espace immense dans mon enfance. Ce fut pour moi une de mes portes d'entrée dans les dimensions plus larges du monde et de moi-même, le déclencheur de sensations inoubliables qui ont contribué à développer ma curiosité, et à nourrir et orienter mes recherches et mon chemin de vie.

Quand j'avais 5 ans, une marque de chocolat m'aura donc permis d'ouvrir mon imaginaire, de contacter l'espace de ma créativité, de l'intuition, de l'inspiration et par la suite du sacré à partir duquel notre existence s'éclaire d'une manière nouvelle.

Décidemment, tous les chemins mènent à 'Aum', le symbole sanskrit de la conscience pure, même le chocolat ! » Laurence

Le saviez-vous ?

Selon les études officielles, il y aurait 2 000 milliards de galaxies dans notre univers observable. Notre galaxie spiralée, qu'on appelle la Voie lactée, comprendrait à elle seule 200 milliards d'étoiles, dont 40 milliards ressemblent à notre Soleil. Et il y aurait au moins 11 milliards de planètes comme la nôtre. Dans notre seule galaxie, approximativement 300 millions de planètes pourraient héberger potentiellement une forme de vie.

Ces chiffres, déjà vertigineux, ne font référence qu'au seul univers observable. Ils ne tiennent pas compte des *multivers* dont nous parlent certains scientifiques, ni des *univers parallèles* dont nous parlent les médiums.

C'est dans cet univers-là que nous évoluons, depuis la Terre, une toute petite planète située à la périphérie d'une petite galaxie. Qui sommes-nous dans cette vastitude ? Quel est cet espace dans lequel nous évoluons ?

Comme dans un tourbillon

Que ressentez-vous à l'évocation de ces chiffres ?

Personnellement, un tourbillon me saisit. C'est comme si je perdais tout repère et, en même temps, c'est comme si je ressentais une admiration infinie face au mystère de cette création. C'est comme si j'étais « petit », immensément petit, car je n'ai aucune prise sur ce réel infini dans lequel je suis plongé, et en même temps « grand », immensément grand, parce que je peux concevoir ce réel par des images intérieures, par mon imagination et mes sensations. Microcosme et macrocosme réunis.

Ce tourbillon qui me saisit est fait du mouvement des planètes autour de notre Soleil, des soleils, de leurs rotations, du mouvement des galaxies qui tournent et se meuvent à l'infini, tout cela à une vitesse inimaginable à l'échelle humaine. Je me projette dans l'Univers et je tourne avec les corps célestes. Je perçois cet espace immense comme une respiration, un très grand souffle. J'éprouve une joie infinie liée à la sensation de participer à un jeu majestueux. Tout cela m'absorbe.

Je me promène ainsi dans le Ciel étoilé, le Cosmos, l'Univers céleste. Ou plus exactement je me laisse porter. Je contacte l'infini, la beauté, la grandeur incommensurable, cet indéfinissablement grand. Je suis en suspension dans l'espace, visiteur émerveillé et curieux.

Et j'entre à présent plus profondément dans cet Univers qui se déploie. Je vois alors des formes aux couleurs étonnantes, nébuleuses, brillantes, scintillantes, certaines très grandes, d'autres plus petites. Je vois des symboles, comme des spirales, les mêmes spirales que celles qu'on retrouve dans la forme de l'escargot ou de l'hippocampe qui vivent sur la Terre. Pourtant, je suis dans l'infiniment grand. Correspondances.

D'autres que moi-même ou d'autres moi-même ?

J'aperçois maintenant des jaillissements de matière, des constellations d'étoiles qui sont comme le reflet de nos archétypes et des grands mythes. Elles ont des noms. J'en connais certains. Les Anciens leur donnaient des significations symboliques et vibratoires. Puis je vois des vortex d'énergie, des trous dont les scientifiques nous disent qu'ils peuvent être noirs ou blancs, des passages, des sortes de tunnels. L'univers continue de respirer. Je m'amuse à emprunter un tunnel. Au-delà, je rencontrerai peut-être d'autres formes de vie, d'autres consciences, d'autres êtres, d'autres civilisations qui elles aussi évoluent là, dans cette immensité céleste.

Y a-t-il, ou pas, d'autres êtres comme moi dans cet Univers, des êtres qui ont eux aussi la possibilité de contacter cet état de supra-consciente, de plénitude, depuis la planète sur laquelle ils vivent, depuis le plan vibratoire sur lequel ils évoluent ? Y a-t-il d'autres civilisations, d'autres formes pensées, des anges, des êtres ailées, des aliens, des extraterrestres ?

Mon imagination s'emballe. C'est alors que défilent devant moi des visages d'autres êtres, plus ou moins proches de l'humain, des formes différentes, des couleurs nouvelles, des intelligences expansées, raffinées. Certains me saluent dans mon voyage. Je perçois aussi des passerelles entre les mondes, entre les Règnes d'autres dimensions vibratoires, des communautés, comme des fraternités.

Ces êtres sont-ils vraiment-là, ou suis-je seulement en train de visiter mon imaginaire et mes espaces intérieurs, ceux de ma propre immensité et de ma propre diversité. Ce que je vois est-il réel ou n'est-ce que le reflet de ma créativité ?

J'ai appris, sans toujours m'en souvenir au quotidien, que sur la Terre l'autre est mon *Allos ego* (l'autre moi-même) des Grecs, le *In Lak'ech* (je suis toi et tu es moi) des Mayas, je sais cela. Mais je sais aussi que sur la Terre, l'autre existe vraiment, différent de moi, même s'il est « moi » aussi. Alors, qu'en est-il ici ? Qui sont ces autres que je perçois ? Sont-ils moi et en même temps « autre que moi ? » Quel est cet univers dont je ne suis qu'une infime parcelle ? Qui suis-je en réalité, moi qui suis conscient d'être incarné sur la Terre, petit point lumineux dans l'espace.

Je laisse ces questions passer. Les deux pieds toujours bien en appui sur la Terre, je m'élève, je m'allège encore plus. Je suis dans l'espace et je deviens l'espace. C'est comme s'il devenait ma nature profonde, réelle. Comme s'il y avait là quelque chose de l'ordre d'un retour à soi, un retour à l'état embryonnaire que j'ai oublié mais que j'imagine ainsi. Je perçois aussi le voyage que ma conscience est capable de faire depuis ces espaces vibratoires où le temps n'existe plus, n'existe pas, capable de monter, puis de descendre, puis à nouveau de se déployer.

Ce voyage de ma conscience, toujours plus expansée, est lui aussi vertigineux. Je ressens à ce moment-là comme une connexion à une forme d'éternité, qui n'est pas celle de mon monde terrestre, mais celle de mon être éternel, mon essence, je crois. J'entre encore plus dans cette énergie, je sens que je fais « un » avec l'immensité, je ne sais plus si je suis l'infiniment petit ou l'infiniment grand. Je suis le mouvement de la vie, cette circulation d'énergie, le souffle du mouvement continu. Intérieur et extérieur, tout cela n'existe plus. Je suis tout cela.

La diversité de nos représentations galactiques

Lorsque nous partons en voyage galactique, nous rapatrions en nous et à notre conscience tout un ensemble de représentations, d'impressions et d'intuitions que notre monde matériel ne nous permet guère d'explorer dans la vie de tous les jours. Nous nous donnons l'autorisation de laisser venir à nous des sensations ou des visions nouvelles qui pourront peut-être nous surprendre, ou nous réjouir. Nous les accueillons. Nous réveillons nos imaginaires et des mémoires endormies depuis l'enfance peut-être. Nous en réouvrons parfois des pans entiers.

En fonction de notre sensibilité et de nos centres d'intérêt, nous pourrons nous retrouver dans des endroits très différents de l'Univers, parfois à la rencontre de consciences qui nous apparaîtront sous des formes plus ou moins éthérées ou densifiées, parfois en contactant d'autres plans vibratoires plus magiques ou plus mystiques.

L'univers céleste est plus complexe que complexe, mystérieux. Il est physique mais aussi éthérique et quantique, et il existe une infinité de voies d'accès pour l'appréhender, dès lors que nous décidons de l'explorer. Il existe là, maintenant, tout autour de nous et en nous, en cet instant même.

Et vous ? À la porte du Voyage dans les galaxies *que pensez-vous, que ressentez-vous, que diriez-vous, qu'imaginez-vous ? À quoi ressemblent vos voyages dans l'Univers et ses galaxies ? Vous souvenez-vous, au quotidien, que cet Univers est toujours là ?*

Chapitre 2

Tour d'horizon des imaginaires galactiques

> **Témoignage**
>
> « J'avais une trentaine d'années. J'étais dans une pratique méditative avec un groupe dont l'énergie était déjà très forte. J'étais certainement porté par cette énergie collective.
>
> À un moment, tout mon être a été, c'est comme ça que je l'ai vécu, tout mon être a été comme projeté très haut, très haut et très loin. Après, je ne sais plus comment dire, c'était très haut, dans un espace lumineux tout à fait extraordinaire. Tout mon corps était dans un état de tremblements et d'énergie extrêmement puissants, un peu comme si je recevais un courant de dix mille volts, c'est une image bien sûr. Puis je suis rentré dans une sensation de fusion extraordinaire. Mes yeux ruisselaient de larmes.
>
> À ce moment-là, j'ai contacté quelque chose qui s'est dit à moi comme étant la fraternité galactique. J'ai eu conscience de l'existence d'une véritable fraternité des étoiles à laquelle j'étais intimement relié, et à laquelle je me sens toujours relié aujourd'hui, faite d'existences certainement visibles, je n'en sais rien, mais à ce moment-là pour moi c'était de l'ordre de

> l'invisible, d'un monde invisible extrêmement présent, et auquel je me sentais rattaché.
>
> Depuis ce jour-là, la notion, non seulement de plans et de dimensions subtiles qui existaient déjà dans mes représentations, mais de l'existence d'une entité, d'une conscience galactique, n'a plus fait aucun doute. » Ivan

Considérons une rose. Elle va être le point de départ de notre tour d'horizon des univers galactiques. Donc considérons cette rose. Elle a une forme et une nature biologique et chimique qui la connecte directement à notre réalité physique, elle est de ce monde. Elle est aussi le résultat d'un tout un écosystème naturel aux enchevêtrements complexes et vivants. Elle a par ailleurs son propre langage symbolique qui en révèle le sens caché, en l'occurrence l'amour passion si elle est rouge. Elle est enfin une forme, assortie d'un parfum et de couleurs qui s'adressent directement à nos sens et qui ont le pouvoir de nous projeter dans notre monde intérieur si nous nous laissons emporter par nos ressentis. Le réel peut être perçu de multiples manières et il va dépendre de la manière dont nous le captons et le décodons, de l'angle sous lequel nous le regardons et le percevons.

Le symboliste Luc Bigé utilise souvent l'exemple de cette rose pour introduire l'idée selon laquelle, si nous décidons de penser de la manière la plus complète possible le réel, alors toute question, toute thématique, tout sujet devrait faire l'objet d'une observation et d'une analyse croisée entre quatre voies de connaissance :

- la voie *scientifique* (la réalité biochimique de la rose) ;
- la voie *systémique ou complexe* (la rose est le produit d'un écosystème naturel complexe) ;
- la voie *symbolique* (la rose a son langage et elle nous parle) ;
- la voie de la *connaissance directe ou transcendantale* (la manière dont la rose entre en relation avec nos sens et nous projette ailleurs).

La rose est tout cela à la fois. Tout chose est tout cela à la fois. Cependant, précise Luc Bigé, notre cerveau n'a pas la capacité de traiter en même temps ces quatre voies de connaissance. Il ajoute qu'il serait même illusoire et dangereux de chercher à appréhender une voie par les critères d'une autre. Nous sommes sur des approches différentes, qui ont chacune leur propre logique. En fonction de notre personnalité, de notre formation et certainement de nos conditionnements, nous serons plus sensibles à l'approche scientifique, complexe, symbolique ou transcendantale.[48]

Il en va de même des univers galactiques. Nous pouvons les analyser sous des angles différents et c'est ce que nous vous

---

[48] Nous renvoyons les lecteurs intéressés à l'article *Les quatre voies de la connaissance pour penser globalement* sur le site de Luc Bigé *Réenchanter le monde*. Nous avons par ailleurs eu le plaisir de recevoir Luc Bigé dans le cadre des webconférences *Réussir le passage*. Nous vous invitons à visionner le replay *Élargir notre perception du réel* que vous trouverez sur la chaine Youtube.

proposons à présent. Pour cela nous allons utiliser la boussole de Luc Bigé que nous allons quelque peu déformer pour les besoins de notre tour d'horizon, en espérant que son auteur ne nous tiendra pas rigueur de cette réappropriation.

Mettons-nous au centre de la boussole, et tournons notre regard vers la droite tout d'abord, vers l'Est, là où se trouve la voie de connaissance scientifique conventionnelle.

Les imaginaires galactiques et la voie scientifique conventionnelle

Cette première voie de connaissance galactique est celle de la science matérialiste conventionnelle, de l'astronomie et de l'astrophysique plus précisément, cette « branche interdisciplinaire de l'astronomie qui concerne principalement la physique et l'étude des propriétés des objets de l'Univers, comme leur luminosité, leur densité, leur température et leur composition chimique »[49]. C'est cette science qui a produit les chiffres vertigineux indiqués au début du chapitre précédent. Elle nous donne à voir l'univers observable à l'aide des outils scientifiques d'ici-bas.

Dans ce cadran de connaissance, l'Univers est perçu comme étant en expansion ou, selon certains, en « respiration », alternant des périodes d'expansion (Big Bang) et de contraction (Big Crunch). Ici, les voyages cosmiques sont limités par la vitesse de la lumière (qui est de 300 000 km à la

---

[49] Définition selon Wikipédia.

seconde), vitesse qu'une particule physique ne peut pas dépasser selon les lois scientifiques en vigueur de ce cadran. Se déplacer physiquement dans l'immensité cosmique s'avère ainsi imaginable pour des raisons de distance et de durée notamment, si tant est que nous n'implosions pas en route.

Néanmoins, certains astrophysiciens estiment que ces voyages pourraient tout de même être possibles. C'est le cas de l'astrophysicien Jean-Pierre Petit qui propose *Le modèle Janus* de l'Univers, et qui regrette d'ailleurs que ce modèle ne suscite pas vraiment d'intérêt de la part de la communauté scientifique conventionnelle. Selon ce chercheur, notre univers serait en fait à deux faces, comme le dieu Janus romain que nous avons évoqué dans le chapitre sur l'Amour, la Beauté et la Sagesse. Il serait possible de passer d'une face à l'autre de l'Univers, défiant ainsi les lois de la vitesse et de la distance, ce qui rendrait l'exploration galactique accessible aux humains.

Mais n'entrons pas davantage dans les détails scientifiques de cette approche, car nous sommes loin d'être spécialistes. Soulignons seulement que, même si celles et ceux qui se situent dans cette voie scientifique de connaissance restent limités par la densité matérielle et par les lois physiques conventionnelles, ils avancent avec sincérité et honnêteté, comme ils le peuvent, et ils font rêver des générations entières de jeunes fascinés par les pluies d'étoiles filantes et les mystères de la voûte céleste. Gratitude pour cela.

Dans ce cadran, la probabilité qu'il existe d'autres formes de vie consciente dans l'Univers est considérée comme infime, mais probable tout de même, même si une rencontre avec d'autres que nous est jugée quasiment impossible du fait, toujours, des distances cosmiques et des lois de la physique. Jean-Pierre Petit n'exclut quant à lui pas cette hypothèse. Son point de vue reste marginal dans cette communauté scientifique. Disons, en synthèse, que l'astrophysique classique, bien qu'elle n'intègre pas l'invisible vibratoire, et qu'elle se limite aux formes de vie biochimique qu'elle connaît, n'est pas opposée à l'existence d'extraterrestres dans l'Univers.[50]

Les imaginaires galactiques et la voie scientifique post-matérialiste

Tournons-nous à présent vers le cadran de la complexité. Il fait face au premier sur notre boussole, il se situe à notre gauche, à l'Ouest. Nous y trouvons la complexité physique, celle du monde manifesté (avec la notion d'écosystème naturel, celui par exemple qui permet à la rose d'être le végétal qu'elle est). Nous prenons la liberté d'y ajouter la complexité qui se déploie dans l'invisible, l'éther et le quantique. Nous entrons ainsi dans la voie de la complexité scientifique post-matérialiste.

Dans cet espace d'accès à la connaissance, on rencontre des scientifiques diplômés et officiellement reconnus. On y trouve aussi, et surtout, des chercheurs et des scientifiques indépen-

---

[50] Il y a de nombreuses sources d'informations sur ces thèmes de recherche. Ici, nous nous appuyons notamment sur un débat de 2016 en présence de deux astrophysiciens, André Brahic et Jean Audouze, dans le cadre de l'émission de Frédéric Taddéi *Ce soir ou jamais*, ainsi que sur une interview de Jean-Pierre Petit, astrophysicien, et de Jean-Claude Bourret, journaliste, dans *Bercoff dans tous ses états,* en mai 2022.

dants vis-à-vis de la science conventionnelle, celle du premier cadran. Guidés par leurs découvertes et intuitions, ils ont fait le choix d'aller au-delà des hypothèses conventionnellement admises et, de ce fait, ils n'ont pas pu faire valider leurs recherches jugées trop peu crédibles par la communauté académique. Leurs budgets de recherche ont parfois été supprimés. Ils se sont trouvés dans l'obligation d'avancer en solo. On y trouve surtout des passionnés.[51]

Le vide et son énergie

Parmi les voix qui se font entendre dans ce cadran de connaissance, il y a celle de Nassim Haramein. Ce chercheur enthousiaste nous parle de sa *Théorie de l'unification* qui, dit-il, « redéfinit ou complète les bases de la physique, de l'astrophysique, de la biologie, etc. ».

Chemin faisant, ce chercheur iconoclaste et audacieux nous invite à réintégrer l'éther dans les théories scientifiques conventionnelles, l'éther qui devient ici un fluide présent dans tout l'espace et par lequel tout est connecté. Il nous explique que le vide n'est pas vide, que la structure du vide a sa propre cohérence et, plus encore, qu'il existe une énergie du vide qui est présente partout. Cette idée, ajoute-t-il, n'est pas nouvelle. Nous avons précédemment précisé qu'on la retrouvait chez les

---

[51] On trouvera ici les signataires du *Manifeste pour une science post-matérialiste*, Amit Goswami que nous avons déjà évoqué, Philippe Guillemant et Sylvain Fève pour la France, ainsi que Jean-Pierre Garnier Malet, Marc Levy, mais aussi Fritjof Capra, Gregg Braden, Deepak Chopra, Bruce Lipton et beaucoup d'autres. Notons que tous ne sont pas sur le même champ de recherche et tous ne sont pas d'accord entre eux.

philosophes grecs antiques, et dans de nombreuses cultures anciennes qui ont parlé du Prana (en Inde notamment), ou du Chi et du Qi (en Asie) ou encore du Mana (en Polynésie).[52]

En fait, lorsque nous empruntons cette voie d'accès à la connaissance, nous sortons de la densité matérielle pour entrer de plain-pied dans l'invisible. Dès lors, tout le réel nous apparaît différemment. Nous accédons à une autre réalité, néanmoins structurée. On entre aussi, en même temps, dans l'univers des Traditions spirituelles et de Sagesse qui véhiculent depuis toujours l'idée qu'il existe des lois, ou principes, d'évolution de la conscience et de l'âme.

Là encore, n'étant pas scientifiques nous-mêmes, nous ne nous aventurerons pas plus loin dans les explications. Nous vous laissons effectuer vos propres recherches. Ce que nous comprenons et percevons néanmoins, c'est qu'ici tout se passe comme si nous franchissions une porte vibratoire, comme si nous activions nos propres capteurs du subtil, et comme si cela nous permettait d'entrer dans un nouveau monde imperceptible à notre seul mental et à nos sens ordinaires. Un peu comme *Alice au pays des merveilles* dès lors qu'elle plonge dans le terrier du lapin blanc. Ou comme ce qui se passe pour les héros de la série filmographique *Narnia*, lorsqu'ils passent la porte de l'armoire et se trouvent transportés dans un autre monde. Ou encore comme l'expérience galactique que vit l'actrice Jodie Foster dans le film *Contact*.

---

[52] Source : interview de Nassim Haramein sur la chaine Youtube Tistrya, *L'intelligence de l'univers*

L'approche post-matérialiste nous invite à passer ce seuil qui est à la fois intellectuel et vibratoire. Ce seuil est celui de l'acceptation de l'idée que nous ne sommes pas seulement « visibles » mais aussi « invisibles », et qu'il nous est possible d'accéder aux parties invisibles de nous-mêmes, comme à celles de l'Univers.

Bien sûr, ici non plus, tous les chercheurs ne parlent pas d'une seule et même voix. Il y a des désaccords et des divergences. Mais on entendra à coup sûr débattre au sujet de la nature du réel, du temps et de l'espace, de la vitesse de la lumière et des particules, de la conscience, de l'énergie, de la présence de consciences non incarnées dans l'Univers et même parfois de civilisations du passé sur la Terre. Lorsqu'on pénètre dans ce cadran, tout ce que nous avons appris à l'école est bouleversé.

Une approche transdisciplinaire bienvenue

Une des particularités de ce courant est que les chercheurs et scientifiques qui en font partie restent des scientifiques, s'astreignant à respecter des protocoles de recherches rigoureux. Pour autant, ils décloisonnent nos pensées et nos représentations. Ils vont au-delà en privilégiant une approche transdisciplinaire qui intègre différentes disciplines scientifiques, alors qu'habituellement chacun reste cloisonné dans son domaine d'étude. Ils prennent en compte la conscience. Certains font référence aux Traditions anciennes qu'ils ne craignent pas, pour beaucoup d'entre eux, de laisser résonner avec la Science. Ils revisitent les grandes questions philosophiques et métaphysiques, comme le faisait déjà au siècle dernier le physicien Niels Borh, un des pères de la mécanique quantique, avec Albert Einstein, ou encore David Bohm, un des pères de la physique quantique, qui aimait dialoguer avec le philosophe indien Jiddu Krishnamurti.

Avec la paire de lunettes matérialistes de la physique classique, celle que nous avions chaussée dans le cadran précédent, ce qui se dit ici pourra sembler aberrant, farfelu. Mais si nous chaussons notre paire de lunettes post-matérialistes et plongeons dans l'immatériel, alors nos imaginaires s'ouvrent et de nouvelles compréhensions scientifiques inédites apparaissent. La vie en est réenchantée, tant de nouveaux possibles s'offrent à nous.

Les imaginaires galactiques et la voie symbolique

Tournons maintenant notre regard vers le bas de notre boussole, vers le Sud, là où se situe la connaissance par le symbolisme, c'est-à-dire par le langage caché, non immédiat. Le symbole, c'est la signification de la rose que nous offrons. Ce n'est ni la rose en elle-même, ni le fruit du travail de tout un écosystème naturel, ni son odeur ou sa couleur. C'est le message caché qu'elle véhicule. C'est l'amour passion pour la rose rouge. Ce cadran est aussi celui des grands mythes et des archétypes.

C'est le cadran que nous avons peut-être le plus adapté par rapport à l'approche initiale de Luc Bigé, pour les besoins de notre tour d'horizon des imaginaires galactiques. Nous y mettons pêle-mêle tout ce qui vient écrire, voire réécrire, le grand mythe que se raconte l'humanité d'aujourd'hui : Qui sommes-nous ? D'où venons-nous ? Où allons-nous ? Détaillons tranquillement tout cela, non sans préciser que, en quête de réponses à ces questions millénaires, on trouve ici des savants, plus ou moins autodidactes, et de nombreux chercheurs indépendants, certains aux looks d'aventuriers ou de baroudeurs. Parfois un peu comme Indiana Jones !

Notre histoire et nos origines revisitées

Évoquons les mythes pour commencer notre exploration. De multiples récits anciens font référence à des êtres venus de la galaxie, des galaxies, des constellations, des Pléiades entre autres. On retrouve partout dans le monde ces récits qui font référence à ces visiteurs de l'espace, parfois considérés dans les textes comme des frères ou comme nos pères fondateurs originaires des étoiles. On a retrouvé sur les murs de grottes des dessins, ou encore des statuettes, dont certains ressemblent à des vaisseaux spatiaux ou à des cosmonautes.

On trouve la trace de ces êtres venus d'ailleurs en Amérique du Sud chez les Incas, chez les Amérindiens, en Australie, en Afrique chez les Dogons, en Égypte, et dans certains passages des Védas, les textes sacrés hindous. Ces derniers évoquent une guerre atomique qui se serait produite en des temps reculés. Certains textes du Moyen-Âge évoquent également des apparitions d'êtres ou de vaisseaux lumineux. Serions-nous, depuis longtemps, en lien avec les extraterrestres ? Auraient-ils quelque chose à voir avec notre histoire et peut-être même avec nos origines ?

Un deuxième élément est ici interpellant. C'est le nombre croissant de chercheurs qui s'interrogent sur l'origine de certains anciens monuments que l'on retrouve un peu partout sur la planète, et sur leur datation. La découverte du site archéologique de Gobekli Tepe par exemple, qui est situé en Turquie, invite à émettre l'hypothèse d'une civilisation avancée qui aurait disparu il y a 12 000 ans. Des questions sur la véritable datation du Sphinx et des Pyramides d'Égypte se posent aussi.

En fait, nous pourrions citer de très nombreux exemples qui viennent questionner la vision que nous avons de l'histoire de l'humanité et de notre civilisation, et leurs véritables déroulements chronologiques.[53]

Les recherches, les questions et les hypothèses soulevées dans cet espace de connaissance ne « collent » pas du tout avec la théorie classique de l'évolution (du Big Bang à Homo Sapiens, en passant par l'émergence des premières bactéries), ni avec l'histoire de l'humanité telle qu'elle est aujourd'hui enseignée. Il faut se tourner vers des textes ou des mythes qui évoquent des civilisations antérieures à la nôtre, comme la Lémurie, l'Atlantide ou l'Hyperborée, pour commencer à remettre les pièces du puzzle dans un ordre qui fait sens, et pour que les bizarreries et les anachronismes décelés trouvent, pour

---

[53] De très nombreuses informations sont disponibles en librairie ou sur Internet sur ces sujets. Voir également *J'ai fait trois fois le tour de la Terre* de Laurence Baranski, Lahnat éditions, 2ème édition 2021, qui propose une synthèse des découvertes extérieures et intérieures, aux frontières de la Connaissance.

certains d'entre eux, une explication.

Pour la science conventionnelle, la Lémurie, l'Atlantide et l'Hyperborée ne sont bien sûr que des mythes, des contes et des légendes. Mais, et si ces mythes, contes et légendes étaient en fait une réalité oubliée ou occultée ? Et si, dans un passé pas si lointain, des géants, dont il est question dans certains écrits et certaines découvertes, avaient un jour peuplé la Terre ? Et si, avant cela, des êtres venus des étoiles, considérés alors comme des dieux et des demi-dieux par les humains, y avaient joué un rôle clé ? Et si des extraterrestres avaient visité la Terre et l'avaient même habitée dans le passé ? Et s'ils étaient toujours là ? Et si les fées et les gnomes n'étaient pas sortis seulement d'un livre pour enfants, mais existaient réellement, tout comme les êtres invisibles de la Nature ? Et si ce que nous appelons notre inconscient collectif, avec son lot de mythes et d'archétypes, de contes et de légendes, enfermait en fait en son sein des souvenirs réels d'humains du passé ? Et si toutes ces informations étaient toujours présentes dans le grand champ d'information des mémoires de la Terre, dans sa vaste bibliothèque éthérique ? Et s'il était possible de retrouver ces informations en expansant notre conscience ?

Ces questions, là encore farfelues avec une paire de lunettes matérialistes, parfois même avec une paire de lunettes post-matérialistes, se posent néanmoins dès lors qu'on part en exploration galactique du côté du cadran des symboles, des mythes et des archétypes. Car, dans ce cadran, il est possible, et même fréquent, lorsqu'on est en état de conscience expansée, d'entrer en contact avec des perceptions et des visions qui nous racontent une tout autre histoire que celle que nous apprenons communément à l'école. Et c'est alors l'ensemble du récit officiel de l'humanité et de son évolution qui est remis en question. Les mythes deviennent « réalité » et la réalité se met à ressembler à un mythe moderne. Alors où sont le vrai et le faux, et comment tout cela s'est-il agencé et s'agence-t-il réellement ?

Des extraterrestres ?

Ces questionnements apportent d'une certaine manière de l'eau au moulin de la recherche en Ufologie, cette discipline qui recueille, analyse et interprète les données se rapportant aux phénomènes OVNIs, que les Américains appellent à présent UAPs (Unidentified Aerial Phenomena soit « phénomènes aériens non identifiés »).

Voir un OVNI n'implique pas l'existence d'extraterrestres, mais cela ne l'exclut pas non plus. Si des extraterrestres sont là aujourd'hui, dans notre ciel, comme certaines divulgations américaines officielles peuvent le laisser penser, ils pourraient tout aussi bien avoir été là hier. Les observations d'OVNIs, ainsi que les témoignages d'abduction (enlèvement) et de contacts avec des extraterrestres, voire avec des intraterrestres, sont de plus en plus nombreux aujourd'hui.[54] Celles

---

[54] Sur ce sujet également la littérature est abondante. Dans cette information foisonnante, nous signalons le livre de la chercheuse américaine Ardy Sixkiller Clarke, *Rencontres avec le peuple des étoiles* (Les éditions Atlantes, 2016), *Premiers contacts. Exomorphoses Livre III* de La médiatrice interstellaire (Zaor & Viera, 2021), ou encore *Le printemps des Ovnis* du journaliste Charles-Maxence Layet (First, 2025).

et ceux qui s'intéressent à ce sujet peuvent aussi constater que les Galactiques, des êtres non terrestres généralement lumineux, sont à l'honneur dans notre imaginaire collectif, ainsi que dans les récits de celles et ceux qui ont l'habitude de pratiquer des canalisations et des voyages astraux. Dans le même temps, de nouveaux récits sur les origines de l'humanité se font entendre. Nul doute que nos représentations sont en train d'évoluer à la vitesse grand V et que nos frontières intellectuelles risquent fort d'être bousculées à l'avenir.[55]

Néanmoins, et selon nous, l'idée est moins de débattre sur ce qui est vrai ou faux, que d'identifier ce qui résonne de manière juste en nous, et ce que nous avons envie d'explorer à titre personnel dans cette immensité des possibles. Une exploration à mener avec recul, bienveillance, amour et humour.

Partir en exploration de ce côté-là de la connaissance, sur ce cadran des symboles, des mythes et des archétypes, n'est pas indispensable. Mais cela peut être utile pour revoir, enrichir et assouplir nos systèmes de croyances et les représentations de qui nous sommes, sans imposer pour autant nos découvertes aux autres. Ce que nous trouverons pourra être soit vrai, soit faux. Dans les deux cas, cela ne changera pas grand-chose au travail que nous avons à faire en tant qu'être humain incarné sur la Terre : nous connaître, nous centrer, nous aligner, veiller à grandir par rapport à nous-mêmes, travailler sur ce qui est de l'ordre de notre responsabilité immédiate dans le monde

---

[55] De nombreux chercheurs et explorateurs communiquent via des livres ou des vidéos leurs compréhensions, analyses et découvertes. Il appartient à chacun d'effectuer ses recherches et de se faire son opinion.

visible comme invisible, et nous épanouir. Un travail que certainement les êtres venus d'ailleurs ont eux aussi à effectuer sur leur propre chemin d'évolution.

Ainsi, tout cela ne changera rien, mais cela pourra tout de même considérablement modifier l'histoire que nous nous racontons en tant qu'espèce humaine.

Les imaginaires galactiques et la voie de la connaissance directe (transcendantale)

Nous voilà arrivés au quatrième et dernier cadran de notre boussole. Il est situé vers le haut, en direction du Nord. Il nous invite à observer ce qui se passe dans le champ de connaissance directe ou transcendantale.

Ce cadran est celui du contact immédiat avec l'univers invisible, subtil et vibratoire. Il est celui de l'immersion quantique, des shamans, des magnétiseurs, des médiums. Pour y accéder, nous débranchons notre mental et nous laissons nos intuitions et nos sensations nous guider. Nous allons privilégier l'expérientiel.

Nous avons vu précédemment que notre corps et notre cœur sont des alliés précieux dans cette exploration. Ils nous permettent de naviguer dans cet espace, sans trop nous illusionner et en gardant notre discernement et notre souveraineté. Ils nous permettent de faire la part des choses entre les informations lumineuses utiles et celles qui ne sont que la projection de nos peurs, de nos espoirs, de notre volonté et de notre ego.

Ici, nous ne sommes plus dans la recherche intellectuelle ou observationnelle, mais dans le contact direct avec les champs d'information subtils. Nous nous y aventurons en veillant à nous connecter à ce qui est, pour nous, les plus hautes instances de la conscience, ses plus hautes vibrations, de façon à ne pas être pollués par d'éventuelles énergies parasites, un peu comme sur Terre nous veillons à ce que nous mangeons, buvons et respirons afin de préserver au mieux notre santé.

Du chamanisme aux anales akashiques

Cette voie de connaissance est celle du chamanisme tout particulièrement. Depuis la nuit des temps, les shamans sont des intermédiaires entre les plans visibles et les plans invisibles de la réalité. C'est également celle des médiums, des magnétiseurs, des énergéticiens et de toutes celles et ceux qui se connectent aux dimensions invisibles et en ramènent des informations nouvelles et du sens nouveau, informations qui ne sont pas accessibles dans le seul champ de la matière physique.

C'est aussi la voie des expériences mystiques, la voie empruntée par les grands sages de toutes les Traditions, par les sage-femmes (les femmes sages) d'autrefois, parfois qualifiées de sorcières et brûlées pour cela, les philosophes d'antan, comme Pythagore et Socrate qui exploraient le visible autant que l'invisible et enseignaient cette double dimension de la réalité. C'est l'espace dont témoignent des personnes qui ont vécu une EMI (Expérience de Mort Imminente) ou une OBE (Out of Body Expérience).

Lorsque notre conscience expansée entre dans ce champ de connaissance, elle peut se trouver en relation avec ce qui lui semblera être des déités, des anges, des archanges, des êtres de lumières, des formes conscientes, des maîtres ascensionnés, autant de mots qui désignent des champs vibratoires que l'on qualifiera d'élevés. On pourra aussi se connecter à ce que certains nomment les *annales akashiques*, ces grandes bibliothèques qui contiennent l'histoire de l'humanité mais aussi de l'Univers, annales auxquelles disait se connecter par exemple le grand médium et prophète Edgar Cayce. Il en ramenait des informations collectives, en lien avec les origines de l'humanité, mais aussi individuelles et utiles à chacun pour guérir et aller mieux dans sa vie.

L'hypnose régressive quantique

Cet espace est aussi celui qui est exploré par les télépathes et les praticiens en hypnose régressive quantique, inspirés par les travaux pionniers de Dolores Cannon que nous avons précédemment évoquée. Pour le thérapeute en hypnose régressive quantique Matthieu Monade « *de plus en plus d'hypnothérapeutes exercent aujourd'hui. D'autres praticiens, nombreux, accompagnent sur le chemin de l'ouverture de conscience. De très nombreux auteurs, anciens ou nouveaux, ont également écrit sur la spiritualité. C'est une excellente chose, d'autant plus que nous entrons dans une phase de révélations, que certains qualifient de biblique et d'apocalyptique. C'est une période d'ouverture qui va nous permettre de développer un nouveau regard sur nous-mêmes et sur la vie. Mais, revers de la médaille, c'est aussi une période qui peut être déstabilisante car tous nos repères anciens, intellectuels, émotionnels et spirituels vont être bousculés. Certains d'entre nous pourront en être perturbés. Plus les humains vont se réveiller, s'éveiller, et se questionner sur leur véritable nature, plus ils vont chercher des aides pour retrouver leur équilibre. Tout ce qui permettra à chacun de trouver son autonomie et sa souveraineté sera précieux.* »[56]

Confiance en soi et Amour

Cet espace de connaissance directe est surtout celui de la confiance en soi, en ses perceptions subtiles et en ses capacités à explorer ses propres dimensions invisibles. Avec le risque, ou la chance, qu'elles nous amènent loin dans la perception et la compréhension de la vie, de l'Univers et du sens de notre propre existence.

C'est ainsi que l'explore Nicolas Turban, fondateur du site Internet EveilHomme, dont le chemin a été marqué par la rencontre avec les extraterrestres et les Galactiques. Il en ramène des informations, des connaissances et des mémoires étonnantes qui passionneront toutes celles et ceux qui se questionnent sur les civilisations de l'au-delà terrestre[57].

C'est aussi un espace d'expansion et d'amour, car plus on s'élève de manière juste, plus le monde est Amour. Autrement

---

[56] *Explorer vos vies antérieures. L'hypnose régressive pour mieux vivre* un livre de Matthieu Monade que Laurence Baranski a eu le plaisir d'accompagner à la demande de l'auteur et de l'éditeur (Leduc, 2021).
[57] Un travail important de vulgarisation a été fait ces dernières années et, là encore, sur ce thème comme sur les autres, ce sera à chacun d'effectuer ses recherches et de se forger son opinion.

dit, plus le monde est reliance. L'Amour, nous l'avons proposé ainsi précédemment, est ce qui nous relie, nous unit, nous unifie, les explorateurs du subtil s'accordent sur ce point.

Psychédéliques et ouverture spirituelle

Cette dernière voie de connaissance est également réinvestie aujourd'hui par la médecine à travers l'utilisation, sous contrôle médical, de psychédéliques (LSD, DMT, Mescaline, MDMA…). Leur usage avait été stoppé après les années 70 et jugé illégal. Il tend à revenir sur le devant de la scène au bénéfice des patients souffrant de dépression, de troubles neurologiques ou de maladies graves à l'issue inéluctable.

Les PDL, comme il convient de les nommer, ouvrent aussi et sans conteste sur cet espace de connaissance. De ce fait, ils ne devraient être utilisés que dans la conscience de cette ouverture spirituelle, ce qui ne semble malheureusement pas toujours être le cas. C'est en tout cas ce que souligne le psychiatre Olivier Chambon qui promeut les bénéfices de l'utilisation des PDL sous contrôle médical. « *Je sais,* dit-il, *que lorsqu'on développe une idée, on provoque aussitôt la survenance de l'idée opposée. C'est un principe que j'ai observé à moult reprises. En insistant comme je le fais dans mes communications en général, et dans ce livre en particulier, sur l'intérêt spirituel des psychédéliques, je vais faire réagir des personnes qui opposeront la démarche biologique et l'approche clinique classique à la démarche d'accompagnement holistique que je propose. Mais je suis convaincu que si nous apprenons à réellement nous écouter, ces antagonismes pourront devenir complémentaires et nous faire tous progresser. Quant à moi, je maintiens la position qui est la mienne : la démarche spirituelle est ce qui respecte et honore le plus notre potentiel humain si puissant. C'est dans cet état d'esprit que je poursuis mes recherches et que j'exerce ma pratique en cabinet. Notre futur passe par l'appropriation de notre être spirituel.* »[58]

Nous voilà arrivés au terme de notre tour d'horizon des univers galactiques.

L'exploration de ce dernier cadran de connaissance, directe et transcendantale, comme d'ailleurs l'exploration de tous les autres cadrans, n'est absolument pas une obligation. C'est un choix personnel qui relève de notre curiosité et de notre libre arbitre. L'important est de savoir que chacune de ces voies existe et de considérer avec respect les découvertes de celles et ceux qui s'y engagent. Même lorsque, par exemple, ils nous parleront de programmes spatiaux secrets (PSS) ou d'autres théories dites « du complot ». Après tout, nous ne savons pas ce que nous ne savons pas, et il est toujours utile d'y voir plus clair.

Enfin, gardons à l'esprit que si chaque approche est riche de ses ouvertures, elle est en même temps limitée par les systèmes de croyances et les postulats qui l'irriguent. La vérité est plurielle. Ce sera à chacun de nous de trouver son équilibre.

---

[58] *L'éveil psychédélique. Comprendre les états élargis de conscience*, un livre du Dr. Olivier Chambon déjà cité et que Laurence Baranski a eu le plaisir d'accompagner à la demande de l'auteur et de l'éditeur (Leduc, 2021).

La boussole des quatre voies de connaissance est là pour nous aider à nous repérer.

En cette fin de chapitre, redonnons la parole à Luc Bigé qui nous rappelle avec sagesse que « *le monde n'est pas seulement un puzzle dont il faudrait rassembler les morceaux pour en découvrir une image cohérente. C'est aussi un mystère dont seule la conscience peut faire l'expérience.* »[59] La réalité est multiple et c'est à nous, par l'intermédiaire de notre conscience, que revient la possibilité de l'appréhender.

Et vous ? À la porte de ce Tour d'horizon des univers galactiques, que pensez-vous, que ressentez-vous, que diriez-vous ? De quel cadran de cette boussole vous sentez-vous le plus proche ? Quelle voie de connaissance auriez-vous envie de davantage explorer, comprendre, expérimenter ?

---

[59] Source : webconférence *Réussir le passage* de Luc Bigé, 2021.

Chapitre 3

De l'exploration galactique à l'exopolitique

> **Témoignage**
>
> De plus en plus de personnes décident d'explorer leurs dimensions sensibles, subtiles et parfois galactiques. C'est le cas de Myriam Bendhif-Syllas, Dr. en littérature française et auteure prolifique. Nous avions reçu Myriam en 2021 à l'occasion d'une webconférence *Réussir le passage*. Myriam a enseigné les Lettres pendant 20 ans avant de se consacrer à l'étude des perceptions intuitives de la conscience et d'accompagner des enfants et des adolescents, mais aussi des adultes, dans la découverte et le développement de leurs perceptions intuitives.
>
> « *Le passage,* dit-elle dans ce témoignage que nous avons plaisir à partager, *je l'ai entamé à mon niveau en sortant du rationalisme pur et dur de l'intellectuelle et de l'universitaire, pour réintégrer l'être spirituel et perceptif que je suis. Je me retrouvai Alice plongeant dans le terrier du lapin. Et dans ce monde des Merveilles, il y a d'autres mondes, d'autres êtres, en parallèle au nôtre. Par des capacités longtemps étouffées et oubliées, il m'est redevenu possible de communiquer avec eux et de piocher de l'information dans une sorte de biblio-*

> *thèque universelle non locale. Ces accès m'ont aidée à réinvestir le monde terrestre, la nature, les relations aux autres, comme un enfant venant au monde.* »

Ce chapitre va nous conduire du nombre 5 à l'exopolitique, la discipline qui étudie les relations entre notre civilisation et d'autres civilisations extraterrestres, qui existent peut-être. Commençons par le nombre.

Vous avez peut-être remarqué que ce livre est ponctué du nombre 5. Ce n'est pas intentionnel, nous en faisons, quant à nous, le constat *a posteriori*. Si nous y cherchions un sens particulier, nous pourrions nous référer à la numérologie qui nous apprend que le 5 symbolise l'aventure, la liberté, le changement, le fait de briser ses chaînes, d'explorer son univers et d'évoluer. 5 est aussi le symbole de l'homme qui reconnaît la part divine et lumineuse en lui. Ces significations symboliques entrent bien en résonance avec notre propos.

Des grilles de lecture en 5 dimensions

C'est ainsi que nous avons précédemment évoqué les cinq dimensions des collectifs en lien avec les éléments, avec pour mémoire :

- la dimension de *l'action* qui est associée au *feu* ;
- la dimension de *la relation* reliée à l'élément l'*eau* ;
- la dimension de *l'organisation* reliée à la *terre* ;
- la dimension de *la réflexion* associée à l'élément *air* ;

- et enfin l'invisible, mais agissante, *conscience collective* reliée à l'*éther*.

Nous avons également proposé de revisiter, en nous-mêmes, les cinq dimensions de l'être humain :

- notre dimensions *physique* ;
- notre dimension *mentale ou intellectuelle* ;
- notre dimension *émotionnelle* ;
- notre dimension *spirituelle* ;
- notre dimension *holistique*.

Nous avons insisté sur la liberté qui est la nôtre d'équilibrer en nous ces dimensions comme nous le souhaitons.

Il se trouve que les voies d'accès à la connaissance que nous venons de présenter dans le chapitre précédent, en les appliquant à nos imaginaires galactiques, sont au nombre de quatre seulement.

- la voie de connaissance *scientifique conventionnelle* ;
- la voie de connaissance *scientifique post-matérialiste* ;
- la voie de connaissance *symbolique, mythique et archétypale* ;
- la voie de connaissance *directe et transcendantale*.

Mais il y a bien selon nous une cinquième voie de connaissance. C'est la nôtre, celle de chacun d'entre nous, celle que nous choisirons de tracer, nous promenant à notre guise d'un cadran à un autre en fonction de notre vécu et de nos compréhensions.

Cette cinquième voie est personnelle et unique. Elle n'est ni « plus » ni « moins » que la voie que choisira un autre que moi. Elle est seulement différente. Il n'y a pas à comparer, il n'y a qu'à respecter. Ce sera à chacun de se laisser inspirer par ce qui lui semble être le plus juste pour lui, par ce qui vibre en accord avec lui, à son rythme, sans se laisser influencer par tel ou tel sachant qui dirait qu'il est absolument ridicule de s'engager dans telle ou telle voie, d'établir telle ou telle correspondance entre les voies. Il n'y a aucun interdit à créer des passerelles, à décloisonner les connaissances.

En traçant à notre manière notre voie, la cinquième, non seulement nous nous offrons le cadeau de l'exploration, mais en plus nous invitons au dialogue, à l'échange avec d'autres, avec curiosité, dans l'écoute, le respect et la bienveillance. Nous pourrons ainsi trouver d'autres correspondances, d'autres résonances et ensemble enrichir notre champ de conscience, en l'occurrence ici « galactique ».

La cinquième dimension est toujours celle qui met en dialogue, qui relie, qui anime de manière humble, simple et authentique, en restant connecté à notre centre, à notre essence, à notre âme, à cette part de nous qui sera toujours là pour nous éclairer si nous nous égarons dans cette expérience de vie, qui nous pousse à grandir à nous-mêmes, qui ne juge pas, qui accueille.

Oser être pleinement soi

L'important est d'oser avancer vers ce qui nous fait plaisir et qui fait sens pour nous, quitte à dépasser les limites individuelles et collectives tissées par nos croyances et notre mental. Nous pourrons au passage éviter la peur et la laisser sur le côté, car elle est le signe que ce qui se présente à nous n'est pas OK pour nous à ce moment-là. Il n'est pas nécessaire de se « plonger » dans certains sujets s'ils alimentent des vibrations angoissantes autour de nous et en nous. Nous pourrons toujours y revenir plus tard, si nous en ressentons encore le besoin, la curiosité, et si nous nous sentons mieux armés pour les aborder. Mais la peur aura peut-être, et même certainement, disparu entre-temps car elle était générée par notre ancien état de conscience.

Oser être pleinement soi, s'autoriser à être pleinement soi, est certainement ce que nous cherchons tous. Au terme d'un de nos séminaires, une participante, Sophie, nous avait écrit : « *Grand merci à vous tous pour votre présence, votre amour et votre énergie. Cela fait tellement de bien de se sentir accueillie, juste comme on est* ». C'est un message de gratitude que nous accueillons comme tel. Mais c'est un message qui exprime aussi l'autorisation que son auteure se donne à elle-même d'être elle-même, juste comme elle est, avec ses croyances, ses représentations et ses préférences. Une autorisation à être pleinement soi qu'elle manifestera et qui permettra à d'autres de s'autoriser à être eux-mêmes. Le processus est contagieux. De proche en proche, nous nous autorisons mutuellement à grandir en conscience, dans la simplicité et la reconnaissance de notre singularité. C'est une contamination positive, une cross-fertilisation exponentielle.

À travers nos explorations galactiques, qui sont celles de notre infiniment grand tout autant que de notre infiniment petit, nous faisons bouger nos représentations. Nous nous autorisons à dire ce que nous pressentions et que nous n'avions peut-être jamais dit avant. Nous nous sentons autorisés à accéder à des perceptions nouvelles, à les vivre, et parfois à en faire des choix de vie. Ce cheminement reste personnel, il n'impose rien de nos compréhensions et de nos découvertes aux autres, mais il leur permet de bénéficier de notre énergie créative apaisée et déployée.

Le dialogue : un pas vers l'exopolitique

Nous sommes très reconnaissants à Luc Bigé pour sa proposition des quatre voies de connaissance, étant entendu que nous nous sommes accordé le droit de la déformer un peu. Elle nous permet d'entrer dans cette acceptation de la multiplicité de nos représentations et de nos savoirs. De ne pas nous enfermer dans une vérité unique et de rester vivant, c'est-à-dire en mouvement et en reconfiguration permanente comme l'est le mouvement de la vie. De mieux comprendre et de mieux dialoguer avec ceux qui privilégient des approches différentes de celles qui font sens pour nous.

Ce dialogue est essentiel à l'heure de notre entrée dans l'ère de la conscience.

C'est ce même dialogue que certains tentent de maintenir par exemple entre notre civilisation dite moderne et les Peuples premiers, qui ont beaucoup à nous apprendre sur notre relation à la vie et au vivant[60].

C'est aussi l'amorce d'un dialogue en devenir, celui que nous pouvons établir avec des êtres et des consciences non terrestres, qu'on appellera anges, archanges, êtres de lumière, fraternité de lumière, guides, défunts, mais aussi extra-terrestres, aliens, galactiques. Un dialogue de nature à faire considérablement bouger nos représentations. Il est ouvert par toutes celles et ceux qui aujourd'hui font part de leurs expériences et osent évoquer ce qui ne se disait pas dans l'espace public il y a encore peu d'années.

Que nous disent-elles à nous-mêmes et de nous-mêmes ces consciences et ces présences non terrestres qui sont là lorsque notre conscience est expansée ? Que nous apprennent-elles sur la vie, la densité, la manifestation, l'intelligence ? Comment coopérer avec d'autres habitants de l'Univers s'ils se présentent à nous ? Comment dialoguer avec eux ?

Ces questions nous font entrer dans le domaine de l'*exopolitique*, cette « discipline qui étudie les relations entre notre civilisation et d'autres supposées civilisations intelligentes de l'Univers »[61]. De fait, des juristes se penchent aujourd'hui officiellement sur le sujet. Ils cherchent à définir le statut « extraterrestre » par rapport au « terrestre ». Nous suggérons quant à nous d'aborder cette question dans une posture psychologique et relationnelle coopérative. Non pas

---

[60] La revue *Natives* est de ce point de vue remarquable.
[61] Définition Wikipédia.

dans une approche qui dirait « Attention danger ! », ce qui nous ferait entrer *de facto* dans une logique de peur et de guerre, mais dans une approche de reconnaissance et de fraternité. Nous contribuerons ainsi à la paix galactique, autrement dit à l'équilibre entre les mondes, autrement dit encore à la sagesse universelle.

Penser nos vies à l'échelle cosmique

L'histoire de l'humanité, pour ce que nous en savons, nous montre que nous sommes passés en peu de temps d'une conscience de clan, à celle de village, puis à une conscience de ville, puis de cités-États, puis de territoires. Nous évoluons aujourd'hui sur la Terre dans un champ de conscience international avec des instances internationales. La planète est devenue un village connecté.

De nombreux signes nous indiquent que nous allons inévitablement et prochainement nous trouver collectivement projetés au niveau de la conscience galactique et cosmique, dans un mouvement presque naturel d'expansion de la conscience collective. Cette expansion est comme une suite logique de notre évolution de conscience. Cela va nous convier à entrer en dialogue avec le monde des étoiles. Faisons en sorte que ce dialogue soit pacifié.

Plus chacun de nous grandira en conscience et en sagesse, plus nous aurons la maturité collective pour avancer à une échelle plus grande vers la solidarité, la coopération, le partage. Cheminons dans cette optique-là. Posons cette intention. Et, depuis la Terre où nous vivons, apportons chacun notre goutte d'eau à l'océan de la Sagesse galactique, dans les dimensions densifiées comme dans le non-manifesté.

Cela dit, rappelons-le s'il en était besoin, cette entrée collective dans la cinquième dimension, à l'échelle cosmique, ne changera strictement rien au fait que chacun de nous est incarné ici et maintenant, dans son corps, et que c'est depuis ce corps que nous avons à réaliser notre équilibre, dans toutes nos dimensions.

Et vous ? À la porte De l'exploration galactique à l'exopolitique, *que pensez-vous, que croyez-vous, que ressentez-vous, que diriez-vous ? Comment envisagez-vous le dialogue au-delà du terrestre ?*

Chapitre 4

Rencontre avec le Grand Conseil Intergalactique

> **Témoignage**
>
> « Je l'ai dit, je me suis intéressé très jeune à tous ces sujets et à différentes traditions d'intériorité, qu'elles soient occidentales ou orientales. En grandissant, je n'ai fait que tirer le fil. Vers trente ans, j'avais stabilisé une sorte de colonne vertébrale intérieure. Cela ne veut pas dire que je ne continuais pas à travailler sur moi, mais j'avais des références multiples qui me convenaient. Mon axe était clair et les compréhensions que j'avais intégrées, à travers mes lectures, mes cheminements intellectuels et mes expériences faisaient sens pour moi.
>
> Sur mon chemin de recherche, je me suis rapproché de différents groupes que l'on peut qualifier de spirituels, sans m'attacher à aucun, même si les enseignements de plusieurs d'entre eux m'ont beaucoup imprégné. Ces groupes avaient pour point commun le fait qu'ils cherchaient à rapatrier le domaine spirituel dans le domaine matériel. Ils n'invitaient pas seulement à prier ou à monter en fréquence, mais ils s'interrogeaient et nous interrogeaient aussi sur l'intégration de tout cela dans la vie de tous les jours.

Ce chemin, qui est très personnel, est pour moi initiatique. À travers mon parcours de vie, j'ai compris que l'initiation est le commencement. L'initiation n'est pas un moment, mais c'est tous ces moments où on contacte son être intérieur et par lesquels on parvient peu à peu à commencer à dépasser la dualité matérielle-spirituelle. C'est aussi ce processus intérieur qui invite à aller au-delà des oppositions. C'est également ce qui va faire que, plus on avance dans la vie, plus l'invisible va devenir ordinaire et le visible extraordinaire. Le quotidien devient extraordinaire. L'initiation, c'est cette inversion. Se connecter à l'invisible n'est pas la finalité. L'invisible n'est que ce qui nous permet de renvoyer notre attention sur ce qui est le plus important, c'est-à-dire notre propre incarnation et notre équilibre sur la Terre, dans l'ici et maintenant.

Un peu avant mes quarante ans, j'étais ainsi arrivé au constat que passer le balai était aussi important que méditer, et qu'il n'y a pas de différence entre la méditation et la non-méditation en réalité. Les deux sont importants. C'est un aller-retour permanent et le balai est aussi important que les grandes expériences mystiques. Être initié, on peut dire aussi « être éveillé », c'est être le plus longtemps et le plus souvent possible dans cette conscience et dans cet état de connexion avec son être intérieur.

Lorsque j'ai vraiment réalisé cela, ça a été d'une grande clarification pour moi. En fait, rien n'échappe à l'être, et l'être est partout. Il n'y a rien à séparer car rien n'est séparé. Évidemment, pour ce qui me concerne, je ne suis pas toujours en connexion avec mon être le plus profond et cela reste une attention constante qui néanmoins devient peu à peu de plus en plus naturelle.

Puis on continue à tirer le fil et on en arrive à « moi et les autres ». Les autres sont moi, et je suis les autres. Les autres me montrent ce que je suis et ce que je ne veux peut-être pas voir, que cela soit d'ailleurs lumineux ou moins lumineux. Je comprends que mes plus grands enseignants sont les autres, par cercles concentriques la famille, les amis très proches, puis tous les autres que je vais croiser. Tous sont des reflets de moi-même qui se présentent sur mon écran intérieur pour me permettre d'apprendre, de prendre conscience, de progresser. Vivre avec ce regard sur la vie est un enseignement de chaque seconde.

On en arrive aussi à l'idée des gentils et des méchants. En fait, ceux que je pourrais qualifier de méchants, pour résumer ceux qui seraient responsables de la ruine sur la planète, ne sont également que d'autres moi-même. Ils me montrent des parcelles de moi que peut-être je ne peux pas ou que je ne veux pas regarder ; des souffrances que je ne peux pas ou que je ne veux pas ressentir. Prendre conscience de ces effets miroir est de l'ordre de l'initiation aussi.

Au fond, l'initiation dans l'invisible, et à travers l'invisible, est juste là pour nous ramener puissamment vers le visible à partir de l'être. Il y a de multiples chemins pour y parvenir. Le mien n'est pas plus référant qu'un autre, mais il me convient.

Cette initiation entraine des ouvertures de conscience qui, quand elles sont préservées et conservées le plus longtemps possible, permettent de réenvisager le quotidien d'une façon

> bouleversante, renversante, parce que tout devient cosmique en réalité, et en même temps tout devient terrestre, puissamment terrestre. » Ivan

Mes explorations galactiques et vibratoires m'ont conduite notamment jusqu'à la rencontre avec le Grand Conseil Intergalactique. Ce fut une rencontre importante pour moi, initiatique. Tant et si bien que le témoignage qui suit fait l'objet d'une séquence à part entière en séminaire, et conséquemment dans ce livre. Non pas comme un modèle ou un exemple, mais comme une proposition faite à chacun de s'approprier et de dire, en toute simplicité, ses propres expériences sensibles. Je la raconte comme je m'en souviens. Elle est une illustration de la manière dont nous pouvons, pour nous-mêmes, reconnaitre nos perceptions et rencontres subtiles, celles qui apparaissent sur d'autres plans vibratoires et dans mon cas un plan intergalactique. Ce n'est que mon expérience. Je n'en fais pas une généralité. Elle est restée gravée dans ma mémoire, en moi, et elle a été un repère pour la suite de mon chemin.

Est-ce que cette histoire est vraie ? Elle l'est pour moi. Est-ce que les êtres que j'évoque dans cette expérience existent réellement ? Ils existent pour moi et j'ai bien trop de respect pour eux pour imaginer une seule seconde qu'ils n'existent pas. La seule idée de cette négation m'est impossible. Ils existent pour moi.

Une dernière chose avant de commencer à raconter. Ces dernières décennies, sur mon chemin, un certain nombre de personnes que j'estime, qu'elles soient journalistes, scientifiques, intellectuelles ou encore psychothérapeutes, m'ont suggéré, comme une mise en garde, de ne pas chercher à « *mettre trop de mystique* » dans mon approche, qu'« *il y aura toujours un tabou en ce qui concerne l'être* » et plus récemment encore de me méfier « *des illusions de l'esprit humain* » que je donnais peut-être l'impression de négliger.

Si j'avais pris au pied de la lettre ces mises en garde, je n'aurais jamais déployé mes ailes, je n'aurais rien exploré, rien appris sur moi. Je me serais conformée et certainement beaucoup ennuyée dans la vie. Merci à toutes les autres personnes, elles aussi pour certaines journalistes, scientifiques, intellectuelles, psychothérapeutes qui, directement par leur accompagnement, ou par des livres et des interviews interposés, m'ont encouragée à m'élever. Une élévation qui, en réalité, nous ramène toujours plus en conscience sur la Terre, libérés et légers. Voilà donc à présent mon histoire…

Je l'ai dit au fil des témoignages égrenés tout au long de ce livre, en alternance avec ceux Ivan, l'invisible a toujours fait partie de ma vie. Mais, au début, il n'était pas au premier plan de ma vie, même s'il était là à travers des intuitions, des rêves, des visions, des perceptions. Mes dimensions intellectuelle, émotionnelle et physique prenaient bien plus de place. Il a fallu que je vive à 36 ans une expérience de sortie hors du corps qui m'a propulsée dans un monde d'Amour et de Lumière, et qui m'a intimement et profondément convaincue que tout est amour et lumière dans ce monde, pour que cet invisible arrive en force dans ma vie. J'avais fait avant cela tout un travail psychanalytique et psychothérapeutique et je m'étais formée à différentes approches de développement personnel. À partir de cette expérience de sortie hors du corps, je me suis engagée résolument dans l'exploration spirituelle, à la recherche de mon être profond mais aussi d'une plus grande compréhension du monde qui m'entourait.

Un enseignant spirituel m'a dit un jour que nous réalisons dans la vie d'abord un travail de *réparation*, plutôt psychologique, puis un travail *d'initiation*, plutôt spirituel. C'est vrai. Mais mon expérience est que les deux se chevauchent le plus souvent. Le travail spirituel nous met face à de telles remises en question qu'il est lui aussi psychologique, intellectuel et physique. Il nous invite en fait à revisiter en profondeur toutes nos dimensions pour mieux nous recomposer, nous réagencer, nous réaligner, nous réharmoniser. Mais, c'est un fait, quelque chose de l'ordre du spirituel, de l'holistique et surtout de l'ouverture de conscience, s'est produit pour moi avec cette expérience.

Quatre saisons vers la Lumière

Immédiatement après cette sortie hors du corps, j'ai été prise d'une envie irrépressible d'écrire, ce que j'ai fait pendant sept jours et sept nuits, en mangeant et en dormant très peu, accompagnée avec bienveillance par mon compagnon de l'époque qui voyait bien que j'étais prise dans un flot d'énergie qui me dépassait un peu, et qui le dépassait aussi. Il fallait que je pose sur le papier une histoire. C'était en fait mon histoire. Je la revisitais. Elle se déroulait devant moi, depuis ma naissance, avec des souvenirs que j'avais oubliés ou dont je ne me préoccupais plus, et surtout avec une logique et une structure étonnante.

Je réalisais, en même temps que j'écrivais, que ma vie avait été rythmée par quatre saisons de 9 ans chacune. Avec cette expérience de sortie de corps, ces saisons, que j'ai nommées dans l'ordre *Les années silence*, *L'apparente insouciance*, *L'épreuve* et *L'apprentissage*, me menaient donc au seuil d'une nouvelle saison que je décidai d'appeler *La Lumière*. J'avais 36 ans et j'étais prête à y entrer. Les saisons précédentes étaient séparées quant à elles par des *passages*, c'est-à-dire des moments très forts de ma vie d'enfant, d'adolescente, de jeune adulte et d'adulte.

Je ne vais pas entrer davantage dans ce récit personnel. Le plus important est ce qui m'est apparu à l'époque comme une évidence limpide : ma vie était un parcours initiatique, c'est-à-dire un chemin vers une connaissance que l'on pourra qualifier de spirituelle, mystique, ésotérique. Ma vie était un chemin à la rencontre de moi-même et de cette connaissance-là. Je réalisais que tout ce que j'avais vécu, particulièrement ce qui avait été difficile et que j'avais traversé dans la souffrance, souvent avec un sentiment de non-sens ou de solitude intérieure, tout trouvait sa place, sa raison d'être. C'était comme un puzzle qui se récréait ou comme le film d'un éclatement que l'on repasse à l'envers, puis à l'endroit en accéléré, et qui fait que tout se reconstitue. Tout avait un sens dans la vie et il était possible d'en retrouver l'unité. J'écrivais et j'étais en train de découvrir cela. Je réalisais qu'il était possible de se réunifier à l'échelle de la vie, dans toutes ses dimensions, jusqu'à la Lumière et l'Amour infinis. Plus encore, je réalisais que toute vie humaine est un parcours initiatique, pour peu qu'on ait envie de la vivre ainsi.

L'éveil progressif au sensible et à l'invisible

Entre cette expérience de sortie de corps et aujourd'hui, il y a ensuite eu la vie ici-bas, la famille, les amours, le travail. Et, entremêlée, cette quête consciente de sens qui ne m'a plus jamais quittée. Là encore, je ne vais pas détailler. Disons, en synthèse, que mes perceptions extrasensorielles se sont progressivement ouvertes. Il y a eu le réveil de mémoires et de vies antérieures ou d'ailleurs, les voyages astraux, la communication avec les défunts, avec les arbres, la compréhension de l'énergie des égrégores et de leur puissance, l'exploration de multiples plans de conscience et champs vibratoires, et la prise de conscience de l'infinité qui se révèle d'autant plus qu'on grandit en verticalité. Et surtout, dans cette quête d'unité, la compréhension de l'importance, c'est en tout cas comme cela que je l'ai ressenti, de l'humilité tout autant que de la fierté et la joie d'être.

Sur ce chemin de découvertes et de redécouvertes, la rencontre avec le Grand Conseil Intergalactique a donc été pour moi essentielle.

Montée vibratoire

Nous sommes au début des années 2000. Je suis en vacances. Un appel intérieur se fait entendre. Mon esprit a visiblement envie de partir en voyage. Je m'isole, je m'allonge, puis je m'endors sans m'endormir vraiment, et je me retrouve prête à un voyage astral. Un ami est là, habitué aux voyages de l'esprit. Je suis ravie de le retrouver dans cet espace éthéré. Ensemble, nous montons les niveaux vibratoires. Puis, à un moment donné, il s'arrête et il m'indique que je dois continuer seule. Je suis un peu inquiète. Il me rassure en me disant qu'il m'attendra. Effectivement, il sera là à mon retour et nous redescendrons ensemble les différents plans vers la densité terrestre, un peu comme des plongeurs remontent à la surface progressivement, et je me retrouverais, à nouveau et en douceur, pleinement dans mon corps physique. Mais avant cela, il y a donc la rencontre avec le Grand Conseil.

Je suis seule à présent dans l'espace éthéré. Devant moi il y a une allée, comme l'allée des Sphinx à Louxor, en Égypte. Plus j'avance dans l'allée, plus les Sphinx, que je croyais être des statues de pierre, se mettent à s'animer. Je sens qu'ils sont heureux. Je réalise qu'ils sont en fait vivants et qu'ils se réjouissent dès qu'un être arrive jusqu'à eux, en conscience. Ce qui est haut est comme ce qui est en bas, et même sur la Terre les statues sont vivantes. Elles ont leurs correspondances vibratoires. C'est la réflexion que je me ferais.

Au bout de l'allée, je devine qu'il y a ce qui ressemble à un ascenseur céleste. Je l'emprunte, accompagnée par un être que sur la Terre on pourrait appeler un groom. Nous montons haut, très haut, toujours plus haut me semble-t-il, et très vite. Puis l'ascenseur s'arrête. L'être me fait signe de sortir de l'ascenseur, ce que je fais. Je me retrouve dans un espace blanc qui peu à peu va commencer à avoir des formes et des couleurs, légères tout de même. Je distingue de mieux en mieux ce nouvel environnement. J'attends dans ce que je comprends être une salle d'attente jusqu'à ce qu'un autre être, grand et blanc, bienveillant et souriant, vienne à ma rencontre. Je me souviendrais plus tard que nous nous connaissons depuis longtemps. Mais là, à ce moment-là, je ne sais pas qui il est. Il me dit qu'il sera mon guide en ces lieux. Il va alors beaucoup me parler comme on parle à une amie qu'on n'a pas vue depuis longtemps. Il réactivera en moi des mémoires, celles de mes vies et de mon chemin d'âme, de la Terre et de l'humanité. Nous visiterons ensemble une ville moderne. Il parait que j'avais contribué à l'imaginer et à en construire les plans. Je ne m'en souviens pas. Puis cet être, avec lequel je me sens totalement en confiance, me proposera de rencontrer le Grand Conseil Intergalactique.

Le Grand Conseil Intergalactique

J'entre dans une nouvelle pièce. Il y a une grande table au centre, plutôt ovale que ronde. Peut-être est-ce à cause de la perspective que je la vois ovale. Au centre, il y a un objet qui peut prendre différentes formes. Je perçois immédiatement que cet objet est le symbole de la Connaissance. Et surtout, autour de la table, il y a des êtres. Ils ont des formes différentes, ils sont petits ou grands. Certains ressemblent un peu à des humains, mais ce n'est pas la majorité. J'ai l'impression d'être dans un film du genre « Star Trek » ou « Stargate ». Leurs densités aussi me semblent différentes. Qui sont-ils ? La réponse qui arrive immédiatement à mon esprit est la suivante : ils sont les gardiens de la Connaissance. Ils sont réunis là, sur ce champ vibratoire, en conseil, comme nous le faisons sur la Terre lorsque nous sommes en réunion. Ils me regardent. Leurs regards sont bienveillants, sans l'être trop non plus, ils gardent une certaine distance, plutôt par respect. Mon arrivée ne semble pas les étonner.

Mon guide, qui est entré avec moi dans la pièce, me le confirme : ces êtres sont là pour préserver, dans l'Univers, l'expansion et le rayonnement de la Connaissance. J'apprendrais plus tard que la Connaissance est Amour et que l'Amour est Connaissance. Pour l'instant, je perçois que je suis en présence d'une instance d'êtres très conscients et très sages.

Mais pourquoi suis-je arrivée jusque-là ? Il y a, à cette table, un siège non occupé, je le vois. Il est comme un trône magnifique, ciselé, avec des perles. « *Cette place est la tienne*, me dit mon guide en me montrant le siège. *Tu peux siéger avec nous si tu le souhaites.* » Je précise que je ne l'entends pas vraiment, nous communiquons directement par la pensée. Moi, siéger au Grand Conseil Intergalactique parmi ces êtres éveillés ? Je ne m'attendais pas à cette invitation. Je marque un mouvement intérieur de recul. Non, ce doit être une erreur, je ne peux pas, je n'en suis pas à la hauteur, même si une partie de moi que je ne saurais identifier est flattée. Mais non, je ne peux pas. Mon guide m'entend, bien que nous ne parlions pas ici. « *Cela n'a pas d'importance,* me dit-il. *Sache qu'il y a ici une place qui t'attend. C'est ta place. Tu pourras l'occuper dès que tu le souhaiteras. Tu n'es pas encore prête. Nous t'attendions. Nous t'attendrons* ».

C'est ensuite que mon guide a réactivé certaines de mes mémoires, que nous avons visité la ville dont j'ai parlé, et que je suis rentrée sur la Terre avec mon ami qui m'attendait.

Fraternité de lumière

Lors de ce voyage, mon guide m'avait également montré, visuellement et énergétiquement, la puissance de l'Amour, plus puissant que la plus puissante des forces qui existent dans l'Univers et sur la Terre. Il n'avait expliqué que des êtres non incarnés, comparativement à notre densité humaine, veillent à faire descendre cette énergie d'amour le long des plans vibratoires, un peu comme on se passe un relais. Comme ces êtres ne peuvent pas descendre jusqu'au niveau de densité terrestre, c'est à nous, les humains, de nous élever, de nous ouvrir à cette énergie, puis de la laisser rayonner en nous et autour de nous. Lorsqu'on voit avec ses yeux subtils, ce mouvement d'amour est magnifique. On dirait une pluie de lumière incroyablement scintillante qui descend et se répand. Lorsque cette lumière parvient à un niveau vibratoire compatible avec celui de la Terre, nous, les humains, en sommes les récepteurs, les catalyseurs et les émetteurs. Nous ne cessons de recevoir sur nous, en continu, cette pluie d'amour, même si nous n'en sommes pas conscients. Il ne tient qu'à nous de l'accepter et de la diffuser à notre tour sur la Terre.

C'est à l'occasion de ce voyage que j'ai retrouvé ce que j'appelle ma fraternité de lumière, et que j'ai rencontré l'être de cette filiation qui était le plus proche de moi. Depuis, il est parti, un autre l'a remplacé, non sans être venu se présenter à moi au préalable. La vie dans les plans subtils est très animée et les êtres qui y évoluent sont très occupés. Par la suite, cette fraternité d'êtres de lumière m'a beaucoup aidée à m'élever toujours plus haut vers les dimensions les plus élevées de moi-même. Elle m'a aussi beaucoup appris sur ce qu'on appelle les mystères de la Vie. Ici, sur la Terre, nous avons perdu la mémoire de ces réalités-là.

Siéger ou ne pas siéger, ce n'est pas la question

Puis les années ont passé. J'ai parfois contacté à nouveau le Grand Conseil Intergalactique, mais pas avec la même intensité. Je me sens proche de lui. Je sais qu'il est là et qu'il poursuit inlassablement sa mission de diffusion et de rayonnement d'amour. J'ai continué de mon côté à travailler sur la Terre à ma propre transmutation, en même temps que je me consacrais à mes diverses activités d'ici.

Irais-je un jour occuper ce siège qui m'attend ? Lorsque je me pose cette question, je me souris à moi-même, et je sais que les membres du Grand Conseil Intergalactique me sourient aussi. Car, même si je me reconnaissais la légitimité d'être un membre de ce Conseil, digne moi aussi de contribuer à l'expansion et au rayonnement de la Connaissance dans l'Univers, qu'elle est l'importance d'aller m'asseoir sur un trône, aussi beau soit-il ? Notre trône est là où nous sommes, sur notre plan d'incarnation. Il est la vie elle-même. Nul besoin de monter dans des hauts plans vibratoires. Il suffit seulement d'être et de faire rayonner l'amour ici et maintenant, à chaque instant, à cœur ouvert et de cœur à cœur. L'amour est l'énergie la plus puissante qui existe dans l'Univers. Une énergie capable de tout réaliser, de tout créer, de tout réparer, de tout illuminer. Et cette énergie est ici, exactement là où nous sommes, si nous l'accueillons. Je suis heureuse d'avoir appris cela et d'avoir compris la leçon, car je crois que c'était une leçon sur mon chemin d'initiation.

Il arrive souvent, lorsque nous nous connectons à des plans lumineux et élevés, très beaux et très légers, que nous revenions avec de la nostalgie, celle du paradis perdu, celle de l'Eden, celle de cet état où l'on se sent si bien, si complet et si aimé. Mais cet état est ici, si nous le réactivons en nous. Il est, tout comme l'amour, exactement là où nous sommes. Il n'y a ni frontière, ni temps, ni séparation. Nous sommes, sur la Terre, des êtres d'Amour et de Lumière.

Alors, je le répète, est-ce que tout cela est vrai ? Dans ma réalité, cela l'est. Pour moi, cet état second dans lequel nous nous trouvons lorsque notre conscience est expansée est en fait notre état premier, celui de notre être profond, en chemin vers lui-même. Nous ne sommes jamais seuls et l'amour est partout pour nous éclairer.

C'est ainsi que j'ai eu envie de transmettre ce qui suit et que j'ai écrit ainsi : « *À chacun de ses pas, un.e gardien.ne de la Connaissance avance un peu plus vers la révélation des lois de la Vie, et par là même vers sa propre réalisation. Ce cheminement est un cadeau merveilleux et lumineux que l'on se fait à soi-même, et que l'on offre à l'Univers. Si vous avancez ainsi, jour après jour, guidé.e par le pouvoir de l'Amour, sans rien attendre en retour, vous êtes, vous aussi, un.e gardien.ne de la Connaissance.* »[62] Et il n'est nul besoin d'aller siéger dans une quelconque instance, aussi élevée en apparence soit-elle. Merci à Ivan de me permettre de transmettre ce témoignage lorsque nous sommes ensemble, en séminaire.

Et vous ? À la porte Rencontre avec le Grand Conseil Intergalactique, *qu'auriez-vous envie de dire, de raconter peut-être de vos propres expériences au-delà du plan terrestre ?*

---

[62] Il s'agit de la conclusion de *Bienvenue au Grand Conseil Intergalactique*, *Le livre des gardiens et des gardiennes de la Connaissance.* Laurence Baranski, BoD, 2021.

Chapitre 5

Avancer sur son chemin spirituel et initiatique

Il n'y a pas un de nos témoignages pour introduire ce chapitre, car ce chapitre tout entier n'est fait que de témoignages. Ceux de Jean, Nina, Nicolas, Vincent, Laurence et Elisabeth, toutes et tous participants, à un moment donné, aux séminaires *Réussir le passage*.

Chacun livre ici, avec simplicité et authenticité, son histoire et son vécu spirituel ou initiatique, à la lumière de son être et de sa conscience. Certains évoquent directement les séminaires *Réussir le passage* que nous proposons. Ce n'est pas du tout de la publicité déguisée. Considérez qu'il s'agit bien plutôt d'une mise en avant de tous ces espaces qui nous permettent d'être pleinement nous-mêmes avec les autres.

Cela dit, nous sommes toujours profondément touchés par l'authenticité des participants et la puissance de leurs cheminements. Ces témoignages donnent du sens à notre travail de transmission et d'accompagnement. Ils renforcent notre conviction quant à l'importance d'apprendre ensemble à laisser s'exprimer notre être profond dans sa simplicité et sa force. En séminaire évidemment, mais bien plus largement au quotidien, dans la vie de tous les jours. Ces partages sont sacrés. Ils sont de nature à fertiliser la vie en société, à l'enrichir de l'essentiel, à lui redonner du sens. Gratitude.

Avancer sur mon chemin spirituel et initiatique

Témoignage de Jean, ingénieur.

Mots clés : cohérence, permanence, curiosité, expérimentation, humilité.

« Mon cheminement a commencé avec une prise de conscience 'des autres'. J'ai vu que je n'étais pas seul et que le monde se fait avec les autres. J'ai toujours voulu m'améliorer pour aider les autres.

Est ensuite venue la participation à un mouvement qui œuvre pour le développement personnel en lien avec le développement social, dans un aller-retour permanent entre ces deux versants personnel et social.

Puis il y a eu l'intuition, ainsi qu'un soupçon d'expérience, que la vie ne se termine pas avec la mort.

Il y a enfin eu cette compréhension : j'existe parce que tu existes.

Ce chemin, je l'ai parcouru avec l'aide tangible et intangible de personnes qui pensent, sentent et agissent d'une manière semblable à la mienne : le travail en équipe, l'aide amicale, l'orientation, les éclaircissements mutuels.

Grâce à la présence d'un guide interne, que je ressens dans mon cas sur un registre cénesthésique profond, plus précisément au milieu de la poitrine et qui représente pour moi Sagesse, Bonté et Force, j'ai pu avancer sur mon chemin.

Plus le temps passe, plus je me dis que je ne veux pas arriver 'quelque part' sur ce chemin, car le chemin lui-même est le but.

À présent, je voudrais continuer à faire grandir en moi le sentiment de cohérence, celle-ci étant comprise comme penser, sentir et agir de manière harmonieuse, dans une même direction.

J'aime imaginer ma vie comme un chemin d'éveil, où chaque moment est donné pour apprendre ou consolider quelque chose. »

Retrouver l'ange en moi

Témoignage de Nina, comédienne et poète.

Mots clés : sens, amour, poésie, éveil, l'invisible.

« Je n'ai pas eu l'impression de vivre dans ma vie de grandes étapes initiatiques mais des moments qui se sont structurés par des changements et des rencontres environ tous les 10 ans, avec toujours en arrière-plan ces interrogations : Que fais-je sur cette terre ? Pourquoi m'a-t-on coupé les ailes ? Et la recherche d'un sens, du sens, à la fois orientation, signification, quintessence...

Profondément habitée par une blessure d'abandon et en quête d'amour, j'ai vécu les changements dans une épreuve existentielle nécessaire pour accoucher de soi-même. Dès l'enfance, j'ai trouvé un refuge dans la poésie, le théâtre, l'écriture et la présence évidente d'un ange qui me protégeait. Avec sa présence, ma vie s'est construite sur de belles rencontres incarnées dans l'amour. Il me semble d'ailleurs que je n'ai jamais rien voulu mais suivi ce que l'Autre aimé, aimant, me proposait.

Je fus intensément marquée par un moment de vie dans l'Aude et la rencontre avec cette hérésie décimée par l'église catholique romaine : le catharisme. Aux alentours de la trentaine, j'ai cru comme une évidence en la réincarnation, au respect du vivant en devenant végétarienne et non-violente, en pensant qu'il ne servait à rien de posséder, refusant la maternité pour ne pas mettre au monde un être qui vivrait inexorablement de la souffrance. La pleine conscience de ce changement est venue plus tard avec le recul des années.

À l'aune de ma vie, je peux dire qu'elle fut belle. Elle me paraît comme un cheminement initiatique vers l'unité par le moyen d'une spiritualité plutôt gnostique, protégée par une présence de l'invisible. Elle fut à la fois marginale, mais aussi collective dans des engagements de groupe à la fois sociaux, philosophiques et initiatiques. Elle connut dès l'enfance de nombreux moments de solitude qui sont, je pense, nécessaires pour apprendre à se connaître et co-naître... mais aussi des moments de communion avec l'amitié, l'amour, la beauté, le divin et le sacré.

À l'aune de cette vie, je voudrais dire à ceux qui la commencent... Ne vous laissez pas enfermer dans la programmation familiale et culturelle, rechercher un accord harmonieux avec ce qui est le plus profond en vous. Faîtes confiance à l'invisible. Demander de l'aide. Écouter ce qui vous anime et vous rend joyeux. Vivez aussi l'instant du présent et connectez-vous à l'énergie de la lumière, de la terre et du ciel ... Vivez intensément... »

Oser poser sa parole et reconnaître sa dimension spirituelle devant les autres

Témoignage de Nicolas, architecte, jeune papa.

Mots clés : contemplatif, rêveur, curieux, renouveau.

« Au cours de ma vie, la question de notre présence sur Terre est toujours apparue en toile de fond et s'est manifestée de différentes manières, avec des intensités variables. Les sujets qui touchent à l'invisible, à l'existence du temps et aux mondes subtils m'ont constamment attiré. Je constate cependant, avec le recul, qu'au cours de mes 31 années de présence ici, ces questionnements ont parfois été laissés de côté pour être remis à plus tard. Il existe selon moi un processus ponctué de périodes intenses d'accélération et d'autres moments d'oubli avec une nécessité de revenir à des choses simples, de s'ancrer pour vivre pleinement l'expérience terrestre.

Je me souviens qu'enfant j'étais passionné par l'existence du temps si bien qu'à sept ou huit ans j'interrogeais mes parents en leur demandant si 'j'existe bien ici ? Car j'ai plein d'autres vies ailleurs'. Comme de nombreux enfants, j'étais plongé dans des mondes imaginaires et j'ai conservé cette sensation d'infini et de liberté que je retrouvais dans ces espaces. Elle a depuis été pour moi la preuve de l'existence d'un univers vaste où la pensée est créatrice et où le temps n'existe plus, seul compte cet état de liberté. Je me connecte encore parfois à cette sensation lors d'un travail créatif ou lorsque j'imagine le futur. Elle est selon moi une forme d'intuition et de connexion à une autre partie de moi-même.

Parmi les expériences qui constituent mon cheminement personnel, il y a eu une période clé au moment du confinement. Comme la plupart des êtres humains, j'ai été un peu bousculé au début de cette période et, à la suite de diverses étapes, j'ai vécu ce que je caractérise aujourd'hui comme un oubli nécessaire.

En effet, j'ai la sensation d'avoir vécu une sorte de deuil intérieur. Depuis, une partie de mes souvenirs se sont éloignés, comme si le temps et mes repères temporels s'étaient distendus. J'ai vécu cette période comme une forme de passage où de nombreux changements intérieurs ont opéré en moi en un temps réduit. Elle a réveillé à nouveau mon intérêt pour la spiritualité et les mondes intérieurs.

Ma participation au stage *Réussir le passage* s'inscrit dans cet intérêt ravivé sur des sujets de spiritualité et de recherche sur soi. La prise de parole et les regards croisés d'autres participants permet d'ouvrir une nouvelle porte sur l'exploration du champ des potentiels.

À titre personnel, cela m'a permis d'explorer une nouvelle voie professionnelle en décidant de quitter mon travail actuel pour me consacrer à un travail assez similaire mais plus en adéquation avec moi-même. J'ai la conviction que ce nouvel élan est totalement nécessaire et qu'en refusant de le suivre, je m'écarterais de mon juste alignement. Cette décision constitue une étape forte de mon processus et cela intervient à la suite des différentes prises de conscience au cours de ma vie sans lesquelles je n'aurais jamais réussi à franchir ce cap.

Mes expériences personnelles vécues jusqu'à présent m'amènent à considérer la vie comme une succession d'expériences dans un corps incarné. Sur un plan plus avancé, ces expériences ne sont ni bonnes ou mauvaises. Elles sont simplement des opportunités d'en savoir un peu plus sur nous-mêmes.

Cependant, en s'interrogeant sur le sens de notre existence et en avançant sur notre cheminement, les expériences semblent plus faciles à vivre et à accepter car elles ne sont plus perçues uniquement comme des fatalités, mais comme un processus faisant partie d'un ensemble plus vaste. »

D'un monde à l'autre, réussir nos passages...

Témoignage de Vincent, dirigeant d'entreprise.

Mots clés : passion, peur, liberté, enfermement, opportunité, menace, force, faiblesse, lumière, ténèbres, vie, mort, découvertes, visions, ignorance, engagement...

« Il m'a toujours semblé que mon itinéraire professionnel était déjà tracé... comme si je ne pouvais pas envisager d'être salarié mais bien dirigeant... comme si l'énergie que je porte en moi me permettait d'embarquer des personnes autour de moi. Rêveur et persévérant... le ton était donné comme une originalité dans un milieu où l'économie et le rationnel prennent souvent toute la place.

À l'époque, j'ignorais, lorsque j'ai décidé de reprendre l'entreprise familiale à 33 ans après le décès brutal de mon père, que le chemin pourrait devenir aussi engageant et contrasté ! Sans rentrer dans un récit détaillé, voici les mots clés que j'ai envie de vous livrer, d'un monde à l'autre : passion, peur, liberté, enfermement, opportunité, menace, force, faiblesse, lumière, ténèbres, vie, mort, découvertes, visions, ignorance, engagement, découragement...

Cet itinéraire choisi m'a ouvert sur une intensité de parcours de vie où la prise de risque et la navigation en zone inconnue représentent une constante. Le défi était désormais lancé : il allait falloir réussir des passages stratégiques, opérationnels, humains, sensibles, personnels...

J'ai alors découvert que dans cette dynamique, l'apprentissage était la clé principale de la vie et parfois même de la survie. Sans accepter de se tromper, sans se remettre en question, la gestion des situations n'aurait tout simplement pas été possible. C'est de cette découverte dont je souhaiterais témoigner et de sa richesse, un peu à la manière dont un Héros donnerait sa vie à plus grand que lui (en référence à Joseph Campbell).

L'expérience est intense, physique, intellectuelle, émotionnelle et même spirituelle... et la prise de conscience de ces quatre niveaux d'expérience, d'une richesse infinie. Avec les années, je me suis petit à petit rendu compte que la clé se situait à l'intérieur de moi. Elle est universelle, en chacun d'entre nous, et elle nous permet de nous guider comme une boussole sachant que la chose la plus importante est de la comprendre et de la connecter. Expérimenter ses limites afin de découvrir l'aimantation de sa boussole intérieure... et devenir le Héros de sa propre vie ?

Comprendre la verticalité de notre être corps, mental, sensible et universel, s'ouvrir à soi, à l'autre, à la nature et trouver son propre équilibre, à chaque instant, voilà pour moi la véritable quête universelle qui vaut le coup d'être vécue sur Terre ! Et pourrait-on désormais parler de notre vie comme d'un parcours initiatique ?

Je me souviens de la fois où j'avais présenté la perspective de mon entreprise aux salariés en leur proposant une visée à 2064... date à laquelle l'entreprise aurait 100 ans. L'idée était pour moi de leur faire comprendre que si on veut que l'entreprise soit encore en vie à l'aube de son centenaire en 2064, il faut qu'elle soit vivante au-delà des hommes qui la composent avec comme simple postulat : qu'elle soit En-Vie à chaque instant, aujourd'hui, demain, après-demain...

C'est bien de cela dont il s'agit pour moi aujourd'hui : transmettre la sensation du vivant dans un monde qui ne sait pas le reconnaître, ouvrir de nouvelles voies sensibles, créatrices, simplement en adéquation les principes vitaux. Alors pourrons-nous trouver le passage de la transition écologique que nous cherchons aujourd'hui... et faire le pas de côté qui va nous permettre de retrouver une gestion consciente du vivant : le chemin est désormais ouvert ! »

Une quête de sens depuis l'enfance

Témoignage de Laurence, dirigeante dans le secteur associatif et activatrice quantique en chemin.

Mot clé : Pour-quoi ?

« Pour-quoi ? Cette quête de sens m'anime depuis mon enfance.

Pourquoi suis-je ici et maintenant sur cette terre ? Pourquoi vit-on des épreuves de vie ? Pour en faire quoi ? Pourquoi cette envie de transmettre ? La curiosité et la soif de connaissance et de compréhension du monde qui m'entoure, alliées à la fascination pour les civilisations anciennes et les phénomènes étranges, vont être mon terreau même si ma famille ne m'a jamais véritablement guidée du côté spirituel, me laissant cette liberté de choix dans mon cheminement.

Les différentes portes se sont ouvertes à chaque fois, en tout cas pour le moment, au moment de deuils à traverser : perte de situations personnelles ou professionnelles mais aussi et surtout d'êtres chers, à accompagner pour certains dans cette transition. Avec toutes les étapes du deuil arrivent le questionnement et le cheminement sur mon intériorité et ma relation au Monde, la découverte de mon intuition, la connexion aux mondes subtils et à plus grand que soi.

La psychologie, la médecine traditionnelle chinoise sous ses nombreuses facettes, l'EFT, l'EMDR, la naturopathie, l'homéopathie, les séances de dégagement énergétique, les stages de développement personnel comme la psychobiologie quantique, les constellations familiales, la démarche *S'habiller vrai* et les stages proposés par Laurence et Ivan m'ont jusqu'à présent ouvert des champs incroyables d'exploration pour traverser, soulager, apaiser et nourrir mon être dans toutes ses dimensions, tout comme la lecture et l'écoute de nombreux podcasts ou séminaires en ligne de personnes inspirantes. Quelle richesse incroyable, quelle transmission, quel empuissancement possible de notre Être.

Je me considère humblement au tout début du voyage spirituel de mon univers intérieur, exaltée et émerveillée par l'envie de poursuivre ce challenge qu'est l'exploration de ce chemin, même s'il peut être parfois raide, sinueux.

Je glane des informations précieuses à recouper avec d'autres visions d'un même sujet, des pratiques concrètes pour me les approprier, m'en servir au jour le jour tant au niveau personnel que professionnel comme une boite à outils, une boussole qu'on met dans un bel écrin et qu'on a plaisir à utiliser. La poursuite de cette introspection se fait en écoutant au mieux mes élans qui viennent du cœur ou du ventre pour encore mieux me connaître, prendre conscience des ombres, blessures, émotions, croyances limitantes, du vide créateur pour changer d'énergie et de vision des choses. Je sens au plus profond de moi qu'en me libérant, je peux contribuer à soulager mes lignées d'ancêtres, notamment de femmes qui n'ont pu faire ce travail. Ces différentes pièces établissent petit à petit mon propre puzzle. J'ai hâte de découvrir les prochaines pépites que me réserve la vie !

Cela m'amène également à réfléchir à comment pleinement incarner dans la matière et au monde ce que je suis à l'intérieur, trouver toute ma palette de talents, de créativité pour avoir l'audace de rayonner, impacter et contribuer à semer des graines chez les autres. J'ai enfin envie de transmettre à ma fille la magie et la beauté de la vie ; avec infiniment d'amour, lui tendre la main pour l'inciter à son propre cheminement qui lui permettra de révéler le trésor qui se cache en elle pour s'épanouir plus facilement en tant que jeune fille, adolescente et femme en toute légèreté, trouver sa propre spiritualité, prendre sa place et avancer dans la vie en diffusant sa couleur et son amour au monde. »

Agir pour une société éclairée et être réceptive à ce qui émerge

Témoignage d'Elisabeth, documentaliste et chargée d'action culturelle.

Mots clés : Reliance, Transmission, Artisan du lien, Réception aux énergies nouvelles du futur.

« Dès l'enfance, vers l'âge de 8 ans, j'ai perçu qu'il y avait quelque chose de plus grand et de plus lumineux que la situation difficile dans laquelle je me trouvais. J'ai d'abord recherché intensément dans ma religion d'origine, le catholicisme, mais il me manquait quelque chose de plus intérieur qui embrasse toute la personne.

Dans les années 70, vers l'âge de 26 ans, une étape cruciale pour moi a été la participation à un stage de zazen animé par un prêtre catholique, qui en quelque sorte faisait se rencontrer deux voies spirituelles bien différentes. Cela m'a passionnée. J'ai découvert le rôle du corps dans la pratique spirituelle. Puis ma recherche s'est tournée vers les voies spirituelles orientales. Ce fut alors le temps de nombreux voyages en Asie, de séjours en Ashram, à Auroville, de découverte de diverses voies bouddhistes, dont le bouddhisme tibétain, qui me nourrit encore aujourd'hui depuis 40 ans. Ça a été aussi la rencontre avec des milieux du Nouvel Âge, qui vivaient une spiritualité plus directe, informelle, qui imprègne toute la vie.

Lors de tous ces enseignements et découvertes, j'ai été sensibilisée à la non-dualité, au non-agir, à l'interdépendance de tout ce qui vit, à l'existence d'un monde invisible qui anime et crée tout le monde visible, à la double réalité à la fois relative et absolue. J'ai été aidée et nourrie intérieurement par de grands maîtres tibétains incarnés qui sont un exemple par leur vie.

Ce cheminement spirituel m'a rendue aussi plus sensible à la profondeur de la voie du Christ. J'ai été touchée et vivifiée par les enseignements lumineux et incandescents de Jean-Yves Leloup et d'Annick de Souzenelle. Mais, peu à peu, j'ai senti le besoin de dépasser les appartenances et de me relier à une spiritualité globale, même si mes références restent bouddhistes et chrétiennes.

Lors de tout ce parcours, il m'est apparu évident que la spiritualité devait s'incarner dans le monde. Je ressens que nous sommes un lieu d'unité, de reliance ciel/terre, divin/matière, et que le divin s'exprime à travers tout et à travers chacun. Selon moi, si l'on s'est incarné dans la matière, c'est parce que l'on a quelque chose à faire, à reconnaître, à transformer dans cette matière. La découverte de Sri Aurobindo a eu pour moi un effet majeur et amplificateur de cette perspective.

Cette conscience d'une spiritualité incarnée, joignant méditation, prière et action dans le monde, s'est manifestée par le besoin de transmettre, d'être acteur dans la circulation des connaissances, active dans des réseaux de transmission des savoirs et des expériences, de diffusion de ce qui est utile et éclairant pour autrui. Cela s'est concrétisé dans mon travail de documentaliste, puis de chargée d'action culturelle et spirituelle, en concevant des programmes pour que se propagent des regards nouveaux sur la vie, l'évolution de la société et de l'humanité, sur des valeurs porteuses d'énergies nouvelles du monde de demain, en articulant transformation personnelle et transformation sociétale.

J'ai besoin d'agir pour une société éclairée, spirituelle, en lien avec les autres, avec le monde, tout en étant reliée à ma dimension intérieure. Ma quête est de vivre l'expérience 'd'être dans le flux', la fluidité, c'est-à-dire être ouverte et réceptive à ce qui émerge, à ce qui advient et y répondre par une façon d'être et d'agir à partir d'une dimension profonde de moi et non par la volonté. C'est une manière de vivre l'amour inconditionnel.

Je perçois ma vie comme un parcours initiatique qui m'a amenée et me mène dans des situations inattendues, parfois difficiles. Un parcours qui m'apprend à lâcher prise, aidée grâce à des ouvertures, des évènements fortuits, des rencontres, des synchronicités, qui se présentent à moi et qui m'ouvrent le cœur et l'esprit. »

Et vous ? À la porte Avancer sur son chemin spirituel et initiatique, *qu'auriez-vous envie de dire, de partager ? Quelle est votre propre histoire de vie spirituelle et initiatique ?*

Chapitre 6
Se reconnecter à la Terre et à l'être Gaïa

> **Témoignage**
>
> « Il y a une quinzaine d'années, j'ai été prise de crises d'angoisse irrépressibles et incompréhensibles pour moi. J'ai cherché un thérapeute qui pourrait m'aider et je suis allée voir Régis Cuvelier.
>
> Régis, qui nous a quittés en 2018, proposait une pratique appelée *Le travail par la voix*. Pendant toute la durée des séances individuelles ou des ateliers collectifs, nous ne faisions qu'une seule et même chose : chanter le même mantra 'Yé, Yi, Yu, Ya'. Mais nous le chantions sur toutes les tonalités et dans presque toutes les positions inconfortables possibles. L'idée était de dénouer tous les nœuds qui bloquaient notre énergie, afin de la fluidifier et de la laisser circuler en nous. Régis savait aussi appuyer sur les points particulièrement douloureux pour mieux dissoudre les tensions.
>
> Ce fut un merveilleux travail de libération et, dans mon cas, l'occasion d'une véritable renaissance. Régis m'a apporté beaucoup, mais il m'a surtout appris une chose : il n'y a pas de

graves sans aigus. Lorsque nous montions dans les tonalités, il nous invitait toujours à ancrer notre son dans le grave, à aller chercher très profondément en nous-mêmes, comme on laboure un sol toujours plus profondément. C'est dans le grave, disait-il, que s'enracine l'aigu. Il nous arrêtait en plein vol lorsque nous nous élevions en oubliant la Terre. J'ai gardé de ce travail cette image du labour, de la profondeur nécessaire à partir de laquelle se révèle la puissance de l'énergie du ciel, et enfin l'idée qu'on ne peut pas monter si on n'est pas descendu. L'un ne va pas sans l'autre. Tout cela seulement avec Yé, Yi, Yu, Ya, et tout de même avec le talent hautement subtil et intuitif de Régis.

Un autre thérapeute et enseignant spirituel, à une autre époque de ma vie, me ramenait toujours à des choses très basiques et très matérielles lorsque, toute heureuse, je lui faisais part de mes découvertes éthérées et invisibles. Et lorsque je lui parlais de choses très basiques et très terre à terre, il partait dans des explications complètement éthérées. Au début, je ne comprenais pas pourquoi il me faisait monter ou descendre, toujours à l'inverse de là où je me trouvais. J'ai compris progressivement que cela faisait partie de son enseignement spirituel, c'est en tout cas comme cela que je l'ai compris, pour que je trouve mon équilibre et mon centre dans ce va-et-vient permanent entre le haut et le bas.

Nous ne sommes ni en haut, ni en bas, nous sommes l'être qui relie le haut et le bas. » Laurence

Après cet immense détour par les galaxies, les étoiles et l'Univers, le plus important au fond est de revenir à notre Terre, de se reconnecter à elle qui porte le mouvement de Vie, un mouvement dans lequel nous sommes pleinement inscrits. Cette Terre, elle aussi, est multidimensionnelle et nous pouvons l'observer et la ressentir de bien des manières.

La Terre scientifique

Nous pouvons tout d'abord l'observer et l'étudier avec les yeux et les outils de la science. On pourra alors faire référence à une multitude de paramètres physico-chimiques et à tous les éléments constitutifs de la matière qu'elle est. Il y a certainement des millions et mêmes des milliards de données pour décrire la Terre dans cette dimension.

Nous pouvons la voir aussi comme cet astre en suspension dans l'espace, qui tourne, nous disent les scientifiques, à grande vitesse autour d'elle-même et autour du Soleil, en équilibre dynamique et cosmique.

Il y a aussi cette Terre qui porte la vie, qui se régénère, qui permet la fécondation et la reproduction du vivant, tout cela grâce à des échanges énergétiques et chimiques d'une incroyable complexité et d'une surprenante complémentarité.

Et il y a la Terre qui a cette possibilité de s'autoréguler, en elle-même et avec son environnement atmosphérique et bio-sphérique.

Il est intéressant de constater que les scientifiques arrivent aujourd'hui à cette idée que la Terre peut être considérée comme un système vivant, qui de plus se comporte de manière significative comme un « organisme vivant ». C'est l'*hypothèse Gaïa* formulée par le chimiste James Lovelock dans les années 1980. Le développement de l'écologie nous a permis d'élargir nos représentations en ce sens. Dans cette approche, la Terre va interagir avec les êtres que nous sommes. Certaines interactions seront favorables au mouvement de vie, d'autres le seront moins. Comme tout organisme vivant, la Terre procédera à des auto-régulations, des réajustements physiques et énergétiques lorsque le déséquilibre sera trop grand, comme le ferait n'importe quel être vivant.

La Terre mythique

De là à dire que la Terre serait, comme le disaient les Anciens, une déesse vivante, il y a tout de même un pas que les scientifiques ne franchissent pas. Pour percevoir ainsi la Terre, nous devons entrer dans l'espace des mythes, des archétypes et du symbolisme.

Ce qui est remarquable, c'est que quasiment toutes les Traditions anciennes ont associé des principes féminins à la planète Terre, un féminin déifié en quelque sorte, souvent illustré par la fertilité de la Nature et par sa fécondité.

Cette représentation mythologique de la Terre en tant que Déesse-Mère met en lumière le lien sacré qui existe entre tous les règnes du vivant, et en particulier entre les êtres humains et cette planète.

La Terre, c'est aussi cela, notre mère nourricière, notre mère symbolique, celle qui porte la vie.

La Terre énergétique et subtile

Et puis, si nous allons encore plus loin dans l'expérience directe de notre connexion avec la Terre, nous allons, comme le font certains chercheurs en sciences subtiles, considérer que la Terre pourrait avoir une conscience, comme un être vivant, comme nous, avec des circuits d'énergie, des chakras, des vortex, une âme.

Des chercheurs se sont spécialisés dans la connexion à ces énergies, particulièrement sur certains hauts lieux sacrés, des lieux où nous pouvons ressentir une connexion puissante avec l'être Terre, qui devient ici pleinement l'être Gaïa. Ils en ressentent les énergies, les blessures parfois, mais aussi le potentiel.

Nous pourrions dire aussi que, dans cette approche-là, non seulement la Terre est un astre qui voyage dans les étoiles, mais c'est aussi un vaisseau spatial qui entretient toute une série de liens subtils avec le Soleil, les étoiles, la galaxie, et avec tous les autres astres de la voûte céleste.

Cette approche énergétique et subtile réintègre le monde invisible qui coopère avec les forces de vie. On peut penser par exemple aux êtres de la Nature qui sont utilisés par ceux qui font du jardinage conscient, ou aux êtres invisibles avec lesquels il est possible de coopérer au bénéfice de la croissance des végétaux. Ce monde invisible de la Terre et de la Nature appartient lui aussi à toutes les Traditions, on le retrouve dans toutes les cultures ancestrales.

La Terre consciente

Et si nous allons encore plus loin dans la lecture ésotérique des Traditions, nous pouvons commencer à entrer en contact avec les différentes dimensions de la Terre. Avec l'existence d'une Terre creuse qui abriterait elle-même différentes dimensions, voire des cités intra-terrestres évoluant sur ce plan de densité ou sur des plans vibratoires plus éthérés, comme le célèbre Royaume de Shamballa. Des cités porteuses de formes de vie subtiles qui contribuent elles aussi à la régulation du vaisseau Terre.

Ici, la Terre devient un être vivant multidimensionnel, riche de multiples corps où se logent d'autres présences, d'autres réalités. Elle est un être qui voyage dans l'espace et qui est interconnecté, de façon visible, mais aussi de façon subtile, à tout le tissu de l'Univers.

Dans une approche ouverte de la connaissance, aucune des quatre approches que nous venons d'évoquer n'est exclusive des autres. On pourra se référer à une seule ou à plusieurs d'entre elles en fonction de nos préférences et de notre sensibilité. Toutes ces approches existent dans la connaissance humaine accumulée depuis la nuit des Temps, ou plus récemment.

Se reconnecter à la Terre

Se reconnecter à la Terre, c'est d'abord reconnaître que nous avons un corps et que tout se passe, tout se loge, dans ce corps. C'est là que se déroule notre aventure. C'est là que nous vivons l'incroyable expérience humaine, avec les êtres que nous aimons et qui nous aiment. Sinon, il n'y aurait aucun intérêt à avoir ce corps sur cette Terre.

Se reconnecter à la Terre, c'est également reconnaître que, tout comme « moi dans mon corps », la Terre est porteuse de multiples dimensions. Et que les dimensions de la Terre sont en résonance et en correspondance avec celles de mon corps, ma Terre intime.

Dans cette réalité multidimensionnelle, la reconnexion à la Terre nous invite à stabiliser, renforcer ou rechercher notre propre ancrage.

C'est aussi l'idée qu'avant de venir sur Terre, mon esprit, qu'on pourra appeler « âme » ou « soi supérieur » comme on le voudra, a contacté l'esprit de la Terre, et que la Terre lui a donné l'autorisation de venir vivre le parcours avec elle. Nous avons été invités par la Terre, qui que nous soyons. Nous avons été acceptés pour traverser cette expérience avec elle, dans ce moment particulier dans lequel nous sommes.

La Terre nous porte, elle nous a donné un corps, elle nous nourrit, elle recueillera ce corps lorsque nous la quitterons. Se reconnecter à la Terre, c'est aussi entrer dans ce mouvement de la Vie, en acceptant ses cycles. Nous ne pouvons pas grandir vers les étoiles si nous ne sommes pas en connexion avec la Terre, ou alors nous la quittons. C'est à travers le corps de la Terre et notre corps que nous sommes invités à vivre pleinement. C'est depuis ce point d'appui là que nous pouvons nous expanser, que nous pouvons voyager loin dans l'espace céleste, et que nous pouvons retrouver le chemin qui nous ramène chez nous, au cœur de notre espace intérieur, cet espace fidèle de sérénité et de plénitude.

« *Tout est lié. Nous évoluons en interaction avec la planète. Il ne faut pas se positionner comme un être dominant, au-dessus de la chaine de l'évolution, mais au contraire comme un être apprenant. C'est comme cela que nous allons pouvoir grandir.* » nous rappelle avec sagesse et lucidité Fabienne Raoul, ingénieur, sophrologue et auteure.[63]

Et vous ? À la porte Se reconnecter à la Terre et à l'être Gaïa, *que pensez-vous, que ressentez-vous, qu'auriez-vous envie de dire, de partager ? Quel est votre rapport à la Terre ? À Gaïa ? Dans quelles dimensions d'elle-même aimez-vous la percevoir ?*

---

[63] Source : intervention de Fabienne Raoul aux *Rencontres Conscience et Citoyenneté*, 2021.

Chapitre 7
Offrande et gratitude

> **Témoignage**
>
> « À quel moment la gratitude est-elle entrée dans mon champ de conscience ?
>
> Je ne sais plus. Mais ce que je sais, pour en faire l'expérience, c'est que plus ma conscience grandit, ou plutôt plus je m'ouvre à ma conscience, plus j'éprouve de la gratitude, tellement tout cela est immense, et tellement nous avons la possibilité d'être connectés à l'immense dans l'instant, dans l'ici et maintenant.
>
> Quand on dit que nous contenons tout l'Univers, ce n'est pas seulement une idée ou une phrase. Si ma conscience plonge à l'intérieur de moi, je suis réellement dans l'Univers, c'est extraordinaire.
>
> Sinon, la gratitude sur un plan plus humain, pour moi, est liée à la reconnaissance. Celle d'avoir eu la chance, sur le chemin, d'avoir fait des rencontres, d'avoir reçu des aides, des expériences d'ouverture de conscience qui rendent le chemin de vie sacrément plus facile, plus doux, d'avoir bénéficié de la présence de Kairos dans ma vie, et aussi d'avoir compris que la souffrance n'est que le signal d'une guérison qui n'a pas encore eu lieu.

> J'ai énormément de gratitude pour cela et envers tous les êtres humains qui m'ont appris, enseigné. C'est tout cela la gratitude pour moi. » Ivan

Nous voilà arrivés au dernier chapitre de cette troisième partie *S'ouvrir à notre conscience galactique*, mais aussi au dernier chapitre de ce livre, à la dernière porte ouverte sur l'Ère de la conscience.

Une offrande à la Terre et à l'Univers

Pour cette dernière étape, nous vous proposons d'imaginer que nous nous mettons ensemble en cercle, un cercle sacré bien sûr. Vous, nous, ainsi que toutes celles et tous ceux qui sont avec nous en ce moment, reliés, à travers l'espace et le temps.

Nous sommes centrés, apaisés, bien présents dans nos cinq dimensions, alignés entre Ciel et Terre, reliés de cœur à cœur, à l'écoute de notre sagesse intérieure.

Alors que nous sommes assis ensemble, en cercle, nous savons que nous sommes bien plus que nos pensées et nos émotions, et bien plus que notre corps physique aussi, même s'il est un allié indispensable sur le chemin initiatique qui est le nôtre, notre chemin d'intériorité et d'éveil.

Nous savons aussi que nous sommes agissants « par » et « dans » l'invisible et que le monde qui nous entoure, tout en étant bien réel dans cette dimension matérielle, n'est que le reflet de nos projections individuelles et collectives. Nous pouvons le transformer peu à peu, ou parfois rapidement, par nos pensées, par nos intentions et par la justesse de nos actions. Comprendre cela fait par partie de l'initiation terrestre.

Nous faisons également confiance à nos intuitions et nous sommes attentifs à Kairos qui parfois vient éclairer notre chemin par des synchronicités inattendues, déjouant la régularité de Chronos dont nous savons qu'il n'est pas le seul temps de l'Univers.

Nous allons donc bientôt nous quitter, tout en sachant que nous resterons reliés.

Avant cela, nous allons placer énergétiquement au centre du cercle les plus belles pensées qui nous animent, celles aussi qui vous sont venues au fil de la lecture de ce livre, nos plus belles créations que nous avons déjà manifestées ou qu'elles soient restées dans nos imaginaires. Nous pouvons également déposer au centre du cercle nos prises de conscience, nos joies et tout ce que notre intuition nous soufflera. En faisant cela, nous allumons vibratoirement, au centre du cercle, une flamme de conscience.

Nous allons à présent nous relier encore plus consciemment et, par la force de nos intentions, envoyer ce bouquet de beauté, cette offrande lumineuse, au-delà du cercle, tout autour de la Terre. Notre offrande va se répandre dans l'Univers et l'illuminer, se transformer en énergie douce et puissante, peut-être en une pluie de lumière qui viendra apaiser tout être qui en a besoin, toute chose qui en a besoin sur cette planète.

Tout est cadeau

Tout ce que nous faisons lorsque nous avançons authentiquement à la rencontre de nous-mêmes, dans l'amour et dans la joie, est un cadeau que nous offrons à l'Univers. Ensemble, nos cadeaux viennent tisser la toile du vivant conscient sur la Terre et au-delà. D'où l'importance d'agir en conscience dans ce monde, parce que tout ce que nous disons ou ressentons va se traduire par des vibrations agissantes. Nous sommes toutes et tous créateurs et il n'y a rien d'anodin, ni rien d'isolé, même si nous ne nous en rendons pas compte au quotidien.

Notre œuvre, celle de la vie ensemble sur la Terre, prendra la forme que nous lui donnerons. C'est vrai à titre personnel dans nos vies individuelles, mais aussi pour les groupes, et à l'échelle de l'humanité dans son ensemble.

Nous avons évoqué la puissance de l'énergie du cœur et la capacité qui est la nôtre de faire rayonner cette énergie et de l'émettre vers les autres. Quand ces vibrations du cœur se relient de proche en proche, c'est tout le champ vibratoire de la Terre qui s'illumine. Chacun de nous, vivant et vibrant dans toutes ses dimensions, depuis tout son être, contribue à cela.

La Terre nous offre en abondance tout ce dont nous avons besoin. En retour, à nous de lui donner ce que nous émettons et créons, avec reconnaissance et respect pour l'être multidimensionnel qu'elle est, avec douceur et beauté.

Tout ce que nous créons avec une belle intention est beau et il n'y a pas de petit ou de grand cadeau. Il y a seulement ce qui est et que nous offrons. Il y a ce qui est juste ou ce qui n'est pas juste par rapport à notre conscience. Notre grandeur est dans notre justesse. Cette compréhension-là aussi, nous l'offrons, tout comme nous pouvons offrir notre gratitude pour cette opportunité que la vie nous donne de retrouver notre véritable nature, notre être profond, notre maison céleste, depuis la Terre.

Gratitude

Nous avons beau n'être que des parcelles de conscience de l'Univers, nous traçons un chemin unique et notre création est unique.

La conscience de cela nous fait reprendre notre juste place et notre souveraineté dans le concert de l'Univers. À cette idée, un sentiment évident de gratitude grandit en nous.

Gratitude pour la possibilité de vivre cette expérience et de la conscientiser.

Gratitude aussi pour ce mystère qu'est la conscience. Même si nous l'avons exploré dans ce livre page après page, la conscience reste un mystère, même pour les grands sages et les grands éveillés. Un mystère qui, lorsque nous décidons de l'explorer, nous conduit vers l'unification céleste et la reliance terrestre.

Gratitude pour ce chemin parsemé de Beauté, de Sagesse et d'Amour qui sont là, toujours présents si nous savons les voir et si nous les laissons vibrer en nous et autour de nous. Ils sont au cœur de l'Humanité, ils sont sa véritable humanité. Ils nous sont offerts comme un potentiel à libérer. Nous pouvons les libérer et les offrir à notre tour. C'est, croyons-nous, ce que la vie attend de nous.

« Les mondes nouveaux ne partent pas de rien. Ils partent de tout ce qui est l'humanité en nous. Nous arriverons vraiment à créer du liant, à faire quelque chose qui soit vraiment en expansion, à partir du moment où de plus en plus de personnes, avant de faire quelque chose, se diront : et si j'étais l'amour, est-ce que je ferais ça ? » Patrick Fischmann, barde, conteur, poète.[64]

Et vous ? À la porte Offrande et gratitude, *que pensez-vous, que ressentez-vous, qu'auriez-vous envie de dire, de partager ? Qu'avez-vous, peut-être, envie d'offrir encore ?*

---

[64] Source : intervention de Patrick Fischmann lors des *Rencontres Conscience et Citoyenneté* 2022.

S'ouvrir à notre conscience galactique
Ce que cela change

Les sept portes subtiles de cette troisième partie nous ont permis de **voyager dans les galaxies, pour mieux revenir à notre galaxie intérieure, à notre corps et à notre centre, sur la Terre**.

En résumé, qu'est-ce qui change si nous décidons de franchir ces sept portes ?

1. Notre imaginaire s'ouvre. Nous acceptons la diversité de nos représentations de l'Univers, ainsi que l'idée de l'hypothèse de la diversité des formes de vie intelligente et consciente présentes dans l'Univers.
2. Nous savons qu'il existe plusieurs voies d'accès à la connaissance et qu'aucune n'est supérieure aux autres. Nous sommes prêts à sortir de notre cadran habituel de compréhension du réel et à élargir le champ de nos connaissances. Nous privilégions les passerelles d'idées et la transdisciplinarité.
3. Nous percevons que l'expansion de la conscience collective nous amène progressivement vers la conscience galactique. Nous percevons que celle-ci soulève la question de l'exopolitique, c'est-à-dire des relations entre les terriens et

d'autres civilisations extraterrestres conscientes. Et nous savons que nous pouvons toujours aborder cette dernière dans une posture bienveillante et de coopération.

4. Nous faisons l'expérience que le chemin initiatique et spirituel est un chemin d'intériorité que nous accomplissons seul, mais nous pouvons ressentir et témoigner que nous sommes aidés et accompagnés par des êtres, des énergies et des consciences aimantes, visibles comme invisibles. Ce chemin est un chemin d'unification et d'amour.

5. Chaque chemin initiatique et spirituel est unique. Mais nous savons par expérience, la nôtre et celle des autres, que ces chemins ont un point commun : ils sont source de joie, d'énergie, de vie, de sens et de réalisation de soi.

6. Nous percevons la Terre comme un être multidimensionnel à la fois physique et subtil. Elle est l'assise à partir de laquelle nous pouvons remonter jusqu'aux étoiles. C'est depuis la Terre et depuis notre corps que nous pouvons grandir en conscience. Lorsque nous ne prenons pas appui sur la Terre et sur notre corps, nous comprenons que nous sommes dans une sorte de fuite de la densité et de l'expérience terrestre.

7. Nous percevons encore mieux que nos pensées, nos émotions et nos intentions sont créatrices. Nous veillons à réaliser de belles créations, individuelles et collectives. Nous éprouvons de la reconnaissance pour la Terre qui nous permet de vivre cette expérience terrestre et qui nous offre en abondance ce dont nous avons besoin. Nous lui offrons en retour notre gratitude.

Beaucoup le ressentent, nous sommes en train de changer de niveau de vibratoire. Nous sommes déjà entrés dans l'Ère de la conscience, dans la cinquième dimension. Nos cadres de références vont peu à peu changer eux aussi, plus encore ils seront bouleversés. À nous de nous préparer et peut-être d'accompagner celles et ceux qui nous le demanderont, le jour où ils et elles en éprouveront le besoin, en fonction de notre sensibilité et de nos talents.

Conclusion

Le soulèvement des consciences

Ce livre est un appel au soulèvement, le soulèvement des consciences.

Lorsque la conscience se soulève, elle fait sauter les croyances obsolètes, les vieilles couches inutiles, les anciennes représentations, les interdits, les enfermements. Elle libère de la place et de l'espace pour que quelque chose d'autre puisse s'installer, naturellement.

Nous sommes dans la nécessité de ce soulèvement, pas d'un envol, mais bien d'un soulèvement des consciences. Il est en cours.

C'est un soulèvement qui se fait par un travail personnel d'intériorité, d'intégration, de réunification de qui nous sommes, de reprise en main de nos destinées, de notre temps, de nos priorités, de nos manières de consommer, d'être et d'agir dans le monde, par un autre rapport à la vie.

Ce soulèvement conduira à la reconfiguration de nos anciens systèmes de pouvoir réducteurs et appauvrissants. L'ère de la conscience dans laquelle nous entrons sera une ère d'Amour, de Sagesse et de Beauté. C'est en tout cas comme cela que nous la souhaitons, que nous la projetons, et que de très nombreux humains l'espèrent et commencent à l'inventer.

Nous habiterons toujours sur la Terre. Rien n'aura vraiment changé. Mais, pourtant, tout aura changé, parce que nous nous serons réveillés. Tout sera plus léger parce que nous nous serons allégés. Tout sera aussi plus unifié, parce que nous nous serons unifiés. Notre regard aussi aura changé.

Nous retrouvons là le thème sur lequel nous, les auteurs de ce livre, travaillons ensemble depuis près de 25 ans : le lien indéfectible et dynamique qui relie *je* et *nous*, le *personnel* et le *social*. L'un ne va pas sans l'autre.

Nous espérons que vous aurez trouvé dans ce livre, qui place la vie, la conscience et l'être au cœur des transformations individuelles et collectives, quelques repères pour la réflexion et l'action.

Ce que nous avons écrit est l'expression de ce en quoi nous croyons profondément. Nous pensons aussi que rien ne pourra arrêter le soulèvement des consciences, rien ne pourra stopper notre entrée dans l'Ère de la conscience. Merci de participer à ce soulèvement, avec amour, douceur et attention envers la vie sur la Terre, cette vie plus consciente à laquelle nous sommes en train de donner naissance, tous ensemble et chacun individuellement.

Remerciements

Nous remercions du fond du cœur tous les participants aux séminaires *Réussir le passage*. Séminaire après séminaire, votre authenticité et votre confiance nous ont profondément touchés. Elles nous ont permis de mieux nous comprendre nous-mêmes, de progresser et de grandir.

Merci tout particulièrement à Jean, Nina, Nicolas, Vincent, Laurence et Elisabeth qui nous ont offert leurs témoignages.

Merci aux intervenants des webconférences *Réussir le passage* et des rencontres *Conscience et Citoyenneté* dont nous avons repris certaines citations dans ce livre, et qui surtout, chacun à sa manière, dans ses domaines de prédilection, œuvrent pour l'émergence d'un monde plus conscient.

Merci enfin au dessinateur humoristique Éric Grelet qui nous a accompagnés en séminaire et, avec le talent qui est le sien, a su y saisir des étincelles d'essentiel.

L'ère de la conscience

Sommaire détaillé

Introduction

Ce livre est à l'image d'un parcours en 3 étapes et 21 portes subtiles. Il est une invitation à grandir en conscience pour entrer, ensemble, dans la nouvelle ère, celle de la conscience.

Partie I. Être et agir dans le monde, en conscience

Cette première partie pose les bases de notre entrée de l'ère de la conscience. Elle nous propose de faire un arrêt sur nous-mêmes pour retrouver l'essentiel en nous. Qu'est-ce qui est essentiel pour moi ? Quelle conscience ai-je de moi-même ? Quelle est mon assise intérieure ? Qu'est-ce que je ne veux plus perdre de moi-même ? Qu'est-ce que je souhaite développer depuis mon être profond ?

Chapitre 1 - Oser les dimensions sensibles et invisibles de sa vie

Aujourd'hui, un nombre croissant de personnes vivent des événements qui les amènent à se poser des questions existentielles et à ouvrir un champ de sensations et d'émotions nouvelles. Jusqu'où nous autorisons-nous à ouvrir cet espace dans nos vies ?

Chapitre 2 - Amour, Beauté et Sagesse : des bases pour la nouvelle civilisation

Amour, Beauté et Sagesse sont des mots qui s'accompagnent de sensations agréables pour la grande majorité d'entre nous. Ces mots sont comme des portails qui ouvrent sur des paysages et des sensations élargis. Amour, Beauté et Sagesse sont-ils un idéal que les civilisations humaines ont toujours porté et qui pourrait être celui de la civilisation à venir ? Peut-être. Ils sont surtout une énergie à réveiller en nous et à faire rayonner ensuite à partir de nous, depuis notre intériorité.

Chapitre 3 – Apprendre à vivre dans les trois dimensions du temps

On dit souvent que ce qui détermine notre réalité sont le temps et l'espace. Dans cet espace-temps, nous pouvons avoir le sentiment que le temps s'écoule différemment selon nos états d'être, vite ou lentement. Mais il s'écoule toujours de manière linéaire, du passé vers le futur. C'est ce qu'on appelle la flèche du temps. Mais de quel temps parle-t-on en fait ? Évoquons Chronos, Kairos et Aiôn pour mieux apprendre à vivre dans ces trois temps.

Chapitre 4 - Quelle conscience ai-je de ma conscience ?

Si la conscience est un sujet scientifique tout autant que spirituel, elle est avant tout un sujet personnel et expérientiel. Personne d'autre que moi ne pourra me dire à quoi correspond un élargissement de ma conscience et ce que cela peut m'apporter. Je dois en faire l'expérience moi-même. Quelle perception ai-je de ma conscience ?

Chapitre 5 - Libérer sa créativité : une clé pour entrer dans l'ère de la conscience

La créativité, c'est d'abord ce qui nous met en joie. Lorsque nous libérons notre créativité, c'est un peu comme si quelque chose en nous se soulevait et s'égayait. C'est comme si on renouait avec une forme de pétillance en lien avec ces joies spontanées, simples et directes de l'enfance. Quelle place laisser à la créativité dans nos vies à l'aube de notre entrée dans l'ère de la conscience ?

Chapitre 6 - La dimension subtile des collectifs

Les collectifs sont comme des êtres vivants traversés par la force des éléments. En effet, chacun d'eux a une correspondance dans la vie des humains. La *dimension de l'agir, du « faire »,* est associée à l'élément *feu*. La *dimension de la relation* est reliée à l'élément l'*eau*. La *dimension de l'organisation, des structures*, est celle de la *terre*. La *dimension des pensées, de la vision et des valeurs* est reliée à l'élément *air*. La cinquième dimension est celle de l'*éther*. Elle nous offre une connexion plus large et plus vaste à la vie, au subtil et à l'invisible, au ressenti et à l'expérience directe, en un mot à notre conscience. Ici, dans cette dimension, notre conscience s'élargit, notre conscience individuelle, mais aussi notre conscience collective.

Chapitre 7 – Régénérer et déployer l'énergie de la transformation

Passer d'une civilisation à une autre, d'une ère à une autre, et surtout réussir ce passage, nous invite à déployer une nouvelle énergie. Nous avons vu que cette énergie était à la fois individuelle et collective, l'une alimentant l'autre, et qu'elle s'enrichissait de plus d'une composante nouvelle, subtile et éthérique. Cette composante a toujours été là. Mais jusqu'à présent, bloqués par trop de matérialisme, nous ne l'utilisons pas. C'est ce qui est en train de changer. Cela nous invite à aborder la transformation autrement, en requestionnant nos croyances sur la vie, en revisitant nos croyances sur l'humain, en nous saisissant pleinement de notre responsabilité individuelle dans la dynamique collective et enfin en ouvrant nos cœurs.

Ce que cela change

Nous venons de passer les sept premières portes au-delà desquelles se déploie l'espace de la conscience. Ces sept portes correspondent selon nous à nos nouveaux points d'appui dans le passage vers l'ère de la conscience, un passage que nous sommes invités à vivre à titre individuel comme à titre collectif. Ce sera à chacun de nous d'avancer et d'entretenir ces énergies, en continu, dans un travail d'intégration et d'alchimie personnelle unique et singulière. Ce sera à chacun de révéler la lumière en soi et autour de soi.

Partie II. Être un activateur quantique

Nous entrons dans la deuxième étape de notre voyage, celle de l'activation quantique. Mais qu'est-ce qu'un activateur quantique ? Notre définition est la suivante : un activateur quantique est une personne qui agit à partir d'un champ d'énergie et d'information plus vaste que sa conscience ordinaire. Un activateur quantique est conscient de sa multi-dimensionnalité. Il prend soin de son équilibre et, ce faisant, il contribue à l'équilibre dans le monde.

Chapitre 1 - Accueillir nos 5 dimensions d'être humain

Dans ce chapitre, nous allons mettre progressivement notre attention sur chacune de nos dimensions. Elles sont au nombre de cinq : notre dimension physique, mentale, émotionnelle, spirituelle et enfin holistique. Chacune de ces dimensions est importante. Comment les équilibrons-nous en nous-mêmes ? Comment les équilibrez-vous en vous-même ?

Chapitre 2 - Rester connecté à soi, instant après instant

Dans la vie de tous les jours, le plus difficile est bien sûr de rester connecté à soi instant après instant, de ressentir constamment en soi cet équilibre entre nos différentes dimensions telles que nous venons de les évoquer. Comment y parvenir ?

Chapitre 3 - Comprendre le quantique

Tout comme la notion de *méditation*, le mot *quantique* a connu un grand succès ces dernières années. Il est abondamment utilisé dans le champ de l'accompagnement spirituel, comme dans celui du soin et des médecines alternatives. En sciences, le quantique est le domaine de l'infiniment petit dont les particularités se révèlent bien différentes de ce qui se passe à l'échelle humaine, celle des objets et de la matière. Ramené à une représentation accessible et partagée, le quantique ouvre sur une vision du monde et de nous-mêmes qui nous dit que tout est énergie et vibrations, en interaction, et que la représentation que nous avons du réel dépendra de notre observation, qui elle-même dépendra de notre état d'être.

Chapitre 4 - Le Vademecum de l'activateur quantique

Un vademecum est un guide que l'on garde avec soi, qui contient des règles d'or et qui sert de repère. Quels repères inscrire dans le vademecum de l'activateur quantique » ? Voici quelques propositions simples et à la portée de chacun d'entre nous.

Chapitre 5 - Apprendre à désapprendre et construire ses propres repères

Le passage dans lequel nous nous trouvons nous questionne individuellement sur les repères qui nous ont permis de nous construire et sur ceux que nous allons décider de privilégier dorénavant dans nos vies. Il ne s'agit pas seulement de définir un nouveau style de vie et décider de l'adopter, mais de requestionner tout ce que nous avons appris à l'école depuis que nous sommes petits et que la société a véhiculé : Qu'est-ce que la vie ? Quel est son sens ? Qu'est-ce que la naissance ? La conscience ? La réalité ? Qui suis-je ?... C'est en fait toutes nos croyances et nos grilles de lecture de la vie, du monde et de la réalité qui peuvent être bousculées.

Chapitre 6 - Les quatre forces actives sur son chemin d'évolution

Après avoir requestionné nos représentations, ce chapitre propose de revenir à plus de stabilité et à son propre chemin de vie. Nous allons revisiter ce dernier, depuis la position de l'aigle, grâce à un parcours en connexion avec les 4 forces d'évolution actives : celle du rêve dans notre monde idéal, celle de l'incarnation dans notre monde actuel, celle de l'autorisation à libérer nos ressources et potentialités et enfin celle de l'unification. Il s'agit d'une démarche de reconnaissance et d'autorisation qui vise à se donner les moyens de se réaliser pleinement sur la Terre.

Chapitre 7 - S'entraider à grandir en Sagesse

Ce chapitre invite à régénérer le sacré dans l'espace collectif, non pas en faisant référence à telle ou telle tradition extérieure à nous, mais en partant, tout simplement, de notre vérité et de notre sagesse intérieures. C'est une démarche spirituelle libre et non dogmatique. Elle est aussi laïque et sociale. Demain, peut-être, certainement, nous nous réunirons ainsi, à toutes les échelles de gouvernance, qu'elles soient locales, nationales ou internationales. Les nouveaux paradigmes sont reliés à cette sagesse qui ne peut naître, puis se répandre, qu'à partir de nous-mêmes.

Ce que cela change

Ce qui change lorsque nous agissons à partir d'un champ d'information et d'énergie plus vaste que notre conscience ordinaire (c'est-à-dire lorsque nous avons conscience d'être un activateur quantique), c'est que nous sortons d'un monde enfermant et décentré de notre essence profonde, pour entrer dans un monde en mouvement qui prend appui sur la Vie et sur notre essentiel. Nous ne subissons plus la transformation, nous la générons, nous lui donnons une direction. En faisant tout cela, nous amplifions notre force intérieure et notre confiance en nous, et nous orientons notre mouvement dans la direction à laquelle notre être profond aspire, celle du partage, de l'amour et du vivant.

Partie III. S'ouvrir à notre conscience galactique

Dans cette dernière étape de notre voyage, nous partons vers l'extérieur qui nous entoure, l'Univers et ses galaxies. Une exploration qui nous permettra de mieux revenir à notre galaxie intérieure, tout cela depuis Gaïa, notre planète, la Terre-Mère, qui nous accueille et sur laquelle nous évoluons.

Chapitre 1 - Voyage dans les galaxies

Lorsque nous expansons notre conscience et que nous partons en voyage galactique, nous rapatrions en nous tout un ensemble de représentations, d'impressions et d'intuitions que notre monde matériel ne nous permet guère d'explorer dans la vie de tous les jours. Nous nous donnons l'autorisation de laisser venir à nous des sensations ou des visions nouvelles qui pourront peut-être nous surprendre ou nous réjouir. Nous les accueillons. Nous réveillons nos imaginaires enfouis et des mémoires endormies depuis l'enfance peut-être. Nous réouvrons parfois des pans entiers de notre mémoire...

Chapitre 2 - Tour d'horizon des imaginaires galactiques

Mais comment parler raisonnablement de l'univers et de ses galaxies aujourd'hui ? En nous inspirant de l'approche du symboliste Luc Bigé, les quatre voies de connaissance, nous évoquons dans ce chapitre l'univers selon la voie scientifique, la voie systémique ou complexe, la voie symbolique et enfin la voie de la connaissance directe ou transcendantale. Si chaque approche est riche de ses ouvertures, elle est en même temps limitée par les systèmes de croyances et les postulats qui l'irriguent. La vérité est plurielle. Ce sera à chacun de nous de trouver son équilibre entre ces voies de connaissance et de construire ses passerelles.

Chapitre 3 – De l'exploration galactique à l'exopolitique

De nombreux signes nous indiquent aujourd'hui que nous allons inévitablement ouvrir une cinquième voie et nous projeter collectivement au niveau de la conscience cosmique, comme dans un mouvement presque naturel d'expansion de la conscience collective. Cela nous permettra peut-être de considérer la Terre avec du recul, avec une plus grande unité et d'envisager peut-être le dialogue avec le monde des étoiles et ses habitants. Réussir le passage, c'est aussi reconnaître que nous sommes collectivement en train de vivre ce changement de niveau de conscience et de nous ouvrir, ensemble, à un niveau beaucoup plus vaste, galactique et cosmique.

Chapitre 4 – Rencontre avec le Grand Conseil Intergalactique

Ce chapitre est basé sur un témoignage, illustration de la manière dont nous pouvons, pour nous-mêmes, reconnaitre nos perceptions et rencontres subtiles, celles qui apparaissent sur d'autres plans vibratoires, lorsque notre conscience est expansée.

Chapitre 5 - Avancer sur son chemin spirituel et initiatique

Ce chapitre est construit autour de témoignages de participants aux séminaires *Réussir le passage* qui racontent leurs propres expériences spirituelles et initiatiques. Chacun livre, avec simplicité et authenticité, son vécu, son chemin de vie, le sens de son engagement à la lumière de son être et de sa conscience. Écoutons-les...

Chapitre 6 - Se reconnecter à la Terre et à l'être Gaïa

Après ce grand détour par les galaxies, les étoiles et l'Univers, le plus important au fond est de revenir dans notre corps sur la Terre, de se reconnecter à elle qui porte le mouvement de vie, un mouvement dans lequel nous sommes pleinement inscrits. Cette Terre, elle aussi, a de multiples dimensions. Nous pouvons la voir de différentes façons, scientifique, mythique, énergétique et subtile.

Chapitre 7 – Offrande et gratitude

Tout ce que nous faisons lorsque nous avançons authentiquement à la rencontre de nous-mêmes, dans l'amour et dans la joie, est un cadeau que nous offrons à l'Univers. Ensemble, nos cadeaux viennent tisser la toile du vivant conscient sur la Terre et au-delà. Gratitude.

Ce que cela change

Les sept portes subtiles de cette troisième partie nous ont permis de voyager dans les galaxies, pour mieux revenir à notre corps et à notre centre, sur la Terre. L'ère de la conscience dans laquelle nous entrons est aussi cosmique et galactique. Dans ce nouveau contexte, nos cadres de références vont changer, s'élargir, et plus encore ils seront bouleversés. À nous de nous préparer et peut-être, si telle est notre vocation, d'accompagner celles et ceux qui nous le demanderont, si elles le souhaitent, en fonction de notre sensibilité et de nos talents.

Conclusion : le soulèvement des consciences

Lorsque la conscience se soulève, elle fait sauter les croyances obsolètes, les vieilles couches inutiles, les anciennes représentations, les interdits et les enfermements. Elle libère de la place et de l'espace pour que quelque chose d'autre puisse s'installer, naturellement. Nous sommes dans la nécessité de ce soulèvement, pas d'un envol, mais bien d'un soulèvement des consciences. Il est en cours. Rien ne pourra arrêter ce mouvement.

Présentation des auteurs

Nous sommes tous deux professionnels de l'accompagnement des changements individuels et collectifs, coachs de dirigeants et animateurs. Nos clients sont des entreprises, des institutions et des associations. Nous nous connaissons depuis 25 ans et nous intervenons ensemble dans les espaces citoyens de la société civile.

Nos sources d'inspiration communes, qui nourrissent notre pratique professionnelle, sont la Pensée complexe (Edgar Morin), la transdisciplinarité (Groupe des Dix), le nouveau paradigme scientifique dit post-matérialiste, les approches transversales en lien avec l'intelligence collective et la coopération.

Nous sommes simultanément engagés depuis de nombreuses années dans un cheminement spirituel et de connaissance de soi que nous avons évoqué tout au long des chapitres de ce livre.

Laurence Baranski a été consultante en ressources humaines, chef de projet en stratégie sociale, puis elle a créé et dirigé une filiale spécialisée en conduite du changement au sein d'un groupe de conseil en organisation. Conseil et coach indépendant depuis 25 ans, elle intervient auprès de dirigeants au sein de grands groupes et de PME, d'associations, mais aussi en accompagnement de personnes à titre privé. Son approche est à la fois pragmatique et holistique, orientée vers l'ouverture de conscience, l'équilibre et l'action. Spécialiste des notions de reliance et d'interactions, elle intervient depuis 2013 au sein du Master de coaching de l'Université Panthéon-Assas sur le thème *Le champ symbolique en coaching*. Ce séminaire reprend notamment *Les cinq dimensions de l'être humain*. Deux questions orientent depuis toujours son parcours de vie et son travail de recherche : *Qui suis-je ?* et *Quel est ce monde dans lequel je suis née ?* En quête de réponses, elle s'est engagée très tôt dans une double démarche d'intériorité et d'exploration intellectuelle. Elle s'est formée à l'Analyse Transactionnelle ainsi qu'à diverses pratiques holistiques d'expansion de conscience. Elle est à l'initiative de la création de cercles de réflexion sur des thèmes qui lui sont chers, notamment aujourd'hui le rapport science-conscience-politique. Auteure ou co-auteure sur le thème du changement dans l'entreprise, la société et sur notre rapport à la spiritualité, la conscience et l'être, elle a publié une douzaine d'ouvrages. Elle accompagne également des auteurs dans l'écriture de leurs livres à leur demande et celle de leur éditeur. Elle intervient en tant que conférencière sur invitation d'entreprises ou d'associations.

Site web « Changement Transformation Métamorphose » : https://laurencebaranski.com

Ivan Maltcheff a été DRH au sein d'entreprises internationales, PME et Start up. Il a piloté durant 18 ans de grands projets de transformation et plusieurs fusions-acquisitions. Il a été confronté de près à la difficulté de concilier valeurs personnelles et enjeux économiques, objectifs financiers et respect de l'humain. Conseil et coach indépendant depuis près de 25 ans, Ivan accompagne aujourd'hui des dirigeants et des collectifs dans l'univers de l'entreprise et des associations. Il explore depuis de nombreuses années les espaces des sagesses anciennes et modernes dont il s'inspire librement dans son parcours de vie et sa pratique. Il conduit des voyages apprenants qui combinent les mots conscience et transformation. Il intervient également en mindfulness. Son approche mêle ancrage dans le réel et exploration des champs de la conscience. Son expérience l'a convaincu que c'est au plus près des citoyens et des personnes que s'inventent les nouvelles formes d'innovation sociétales et relationnelles, en lien avec les enjeux du vivant. Il est impliqué dans l'animation de dynamiques citoyennes à l'échelle nationale et internationale. Il intervient en tant que conférencier sur invitation d'entreprises ou d'associations.

Site web : https://ivanmaltcheff.wixsite.com/

Initiatives communes

Interactions TP-TS

De 2001 à 2011, nous avons coanimé, avec d'autres, la dynamique associative **Interactions Transformation Personnelle-Transformation Sociale** (Interactions TP-TS) initiée au sein du réseau *Transversales Science/Culture* par le médecin Jacques Robin, le philosophe Patrick Viveret, le journaliste Philippe Merlant et Laurence Baranski.

Cette initiative avait pour objectif de mettre en lumière les liens entre l'individuel et le collectif, le « je » et le « nous ». Elle était soutenue par le sociologue Edgar Morin. En phase de lancement, Edgar Morin nous avait livré sa vision dans une interview réalisée pour *Transversales Science/Culture* et repris par le réseau *École changer de cap* sous le titre *La réforme de la pensée suppose une réforme de l'être*, toujours disponible plus Internet.

Réussir le passage

Nous sommes convaincus depuis longtemps que la conscience est un levier essentiel dans le changement de paradigme actuel. Pour cette raison, nous avons donné naissance en 2020 au processus **Réussir le passage. Entrons ensemble dans l'ère de la conscience** qui s'articule autour de séminaires, d'accompa-gnements individuels et de webconférences.

Les webconférences *Réussir le passage* se sont tenues jusqu'en 2024 et elles sont réunies sur la chaine Youtube du même nom. Les intervenants des webconférences *Réussir le passage* sont des personnes ancrées dans la réalité du monde et qui intègrent en même temps, dans leur approche, l'espace et les ressources de la conscience.

Les rencontres Conscience et Citoyenneté

Depuis 2021, nous coorganisons les *Rencontres Conscience et Citoyenneté* initiées par Laurence Baranski.

Ces rencontres d'une journée ont eu lieu jusqu'en 2023 en présence à l'Agora Paris, un lieu fondé par Philippe Brizon, et à distance via zoom.

Elles donnent la parole à des chercheurs, des praticiens, des auteurs de toutes disciplines qui abordent dans leurs approches la question de l'être et de la conscience.

L'intention de ces rencontres est d'**élargir ensemble notre champ de conscience citoyen**.

***

Site web : www.eredelaconscience.com

Contacter les auteurs : contact@eredelaconscience.com

Références

Baranski, Laurence, *Le Coming out spirituel*, Exergue, 2016, *Oser l'invisible*, Chronique sociale, 2020, *Le rêve de Réto*, Libre2Lire, 2020, *Bienvenue au Grand Conseil Intergalactique*, BoD, 2021, *J'ai fait trois fois le tour de la Terre*, Lahnat éditions, 2ème éd. 2021.

Barkallah, Sonia, *Et si cela vous arrivait ? Ces expériences de mort imminente qui transforment nos vies*, Lotus-Éléphant, 2021. Voir également la filmographie de Sonia Barkallah.

Bendhif-Syllas, Myriam, *De la naissance à la vie d'après*, 2023, *Vies de sorcière*, 2022, *Les perceptions intuitives chez les enfants et les adolescents*, 2021, Éditions Lanore.

Bigé, Luc, *Les Quatre voies de connaissance*, Réenchanter le monde, 2003.

Capra, Fritjof, *Le Tao de la physique*, Sand, 2004.

Chambon, Olivier, *L'éveil psychédélique*, Leduc, 2021.

Chapot, Audrey, *L'Esprit des mots. Pour retrouver sens et cohérence*, 2029, *Renaissance Man, un conteur en terre Hopi*, 2022, *Mutation anthropologique. Au cœur de l'inévitable métamorphose de notre civilisation*, 2023, Éditrice Audrey Chapot.

Conscience et Citoyenneté (conscienceetcitoyennete.org)

Eskenazi, Alain, Olam (olam.life).

Fève, Sylvain, intervention en 2021 au *Forum des médecines de l'âme*, vidéo sur Youtube.

Fischmann, Patrick, *Contes des sages gardiens de la Terre*, 2022, *Contes des sages qui rêvent*, 2025, Éd. du Seuil.

Garcia, Lorenza, *Vingt ans auprès des Navajos. Hózhó, mon chemin sur la voie de la beauté*, Mama Editions, 2024. Association Navajo France (navajo-france.com).

Gayral, Jean, vidéo sur Youtube *Comprendre la physique quantique pour élever son niveau de conscience*.

Goswami, Amit, *Comment l'activisme quantique peut sauver l'humanité*, Éditions ADA, 2013. Institut *Quantum Activism Vishwalayam* (amitgoswami.org).

Guillemant, Philippe, chaine Youtube ainsi que sa riche bibliographie.

Kristof-Lardet, Christine, *Sur la Terre comme au Ciel. Lieux spirituels engagés en écologie*, Labor et Fides, 2019. Association AnimaTerra (aminaterra.fr).

de La Baume, Laurence, *La contagion du cœur*, J'ai lu, 2022.

La médiatrice interstellaire, *Premiers contacts. Exomorphoses Livre III*, Zaor & Viera, 2021.

Layet, Charles-Maxence, *Le printemps des Ovnis*, First, 2025.

(Le) *Manifeste pour une science post-matérialiste*, accessible sur Internet.

Lescure, Marie-Pierre, *Jamais victime : 10 clés pour rendre vos enfants plus forts face au harcèlement scolaire*, InterEditions, 2020. Association Educ'AT (educat.fr).

Maltcheff, Ivan, *Les nouveaux collectifs citoyens*, Éd. Yves Michel, 2011. Article *Systèmes de croyances et récits de temps de crise : un dialogue impossible ?* sur le site web Pressenza.

Maslow, Abraham, *Vers une psychologie de l'être*, Fayard, 1972.

Monade, Matthieu, *Explorer vos vies antérieures. L'hyp-nose régressive pour mieux vivre*, Leduc, 2021.

Nunès, Débora, *Auroville, 2046. Après la fin d'un monde* (auroville.org). École d'écologie intégrative/Escola de Sustentabilidade Integral (ecologiaintegral.com).

Pressenza, espace médiatique ouvert à l'expression de la base sociale orientée vers la paix et la non-violence (pressenza.com).

Raoul, Fabienne, *Mon bref passage dans l'autre monde*, Leduc, 2022, *Ces guérisons qui défient la science*, HarperCollins, 2024.

Réussir le passage, chaine Youtube.

Revue *Natives. Des peuples, des Racines.*

Seguin, Valérie, *Aller à la rencontre de son âme*, Larousse, 2024, *Et si je libérais mon intelligence intuitive et spirituelle ?*, Eyrolles, 2023. Voir également la filmographie de Valérie Seguin.

Sixkiller Clarke, Ardy, *Rencontres avec le peuple des étoiles*, Les éditions Atlantes, 2016.

Souchier, Raphaël, *Made in local*, Eyrolles, 1ère éd. 2013.

Tistrya, chaine Youtube. Interviews de Laurent Guérison, *Vivre l'instant* - Lysia Michèle Brémaud, *Guérir ses peurs* - Marc Auburn, *L'expérience de la réalité* - Nassim Haramein, *L'intelligence de l'univers.*

Turban, Nicolas, EveilHomme (eveilhomme.com).

Yver-Elleaume, Constance, *Au-delà du dernier souffle*, 2018 et *Le sourire de la chenille. Le jeu de la naissance et de la mort*, 2022, Le souffle d'Or.